被災地・都市・地元の子どもたちがともに学んだ

越《えち》後《ご》妻《つま》有《り》の林間学校

2011-2012

２０１１年夏、新潟県越後妻有地域を舞台に、東日本大震災で被災した人びとと、地元、都市の親子がともに楽しみ、元気になれる場所と時間をつくろうと「越後妻有の林間学校」が開校した。本書は、２０１２年冬までの11回のプログラムの記録である。

林間学校は現在も継続している。

家族や友人同士でつくった
朝顔の種のカタチをした提灯が
空に向けて立ち上がる。
「ああ、夏の空ってこんなに高いんだ」
提灯の先の青空を１００人くらいでぼんやりとながめる。
提灯は、翌日の集落の祭りでも飾られた。

日比野克彦
「明後日朝顔提灯づくり」

朝のラジオ体操

地域の匠にかまどでご飯を炊くことを教わる。
「赤子泣いてもふた取るな」。
いい香りがするとついふたに手が伸びる子どもたちに、
お米の話を交えながらコツを伝授。

こどもサマーキャンプ
「かまどでごはんを炊こう」

Creative for Humanity
「隠れ家をつくろう・隠れ家で遊ぼう」

三省ハウスのみなさんは、
いつもろうかを歩いているとき、
「おはよう」「おやすみ」と声をかけてくれましたね。
ぼくはその返事を返せませんでした。
一番の心残りです。
いつかまた、お会いできたらいいなと思います。

（参加者からの手紙）

あーわんどーり
へんどーり
てんじくまーで
たちあがれ
ほーい、ほい
（小谷集落の鳥追い歌）

小谷集落の小正月行事「鳥追い」

夢中で雪を積んだ運動会。
2メートル10センチ積んだチームも。
大人の背丈より高い。

雪の運動会の「雪積み」

雪のなかに光の種を植えるんだよ。
それでどうなるの？
夜になると、光の花が咲くんだって。

高橋匡太
「Gift for Frozen Village 2012」

「越後妻有の林間学校」の舞台となった主な施設・集落

まつだい「農舞台」

農耕文化とアートをつなげる新しい視点の総合文化施設。まつだい駅に隣接し、MVRDV が設計した建物の内外には、約 40 のアート作品が点在。敷地内には「まつだい郷土資料館」も併設。

鉢＆田島征三 絵本と木の実の美術館

新潟県十日町市、鉢集落にある空間絵本美術館。廃校となった小学校が、最後の在校生を主人公にした絵本として再生、2009 年に開館。

三省ハウス

松之山、小谷集落の丘の上に建つ築 50 年余の木造校舎を改築した宿泊施設。来訪者やサポーターが宿泊滞在しながら交流できる施設として、2006 年より運営開始。かつて教室だった空間は、改装され二段ベッドが設置されている。80 名が一度に宿泊できる。集落のお母さんたちが調理や清掃などを担当し、越後松之山の家庭料理や郷土料理で来訪者をもてなしてくれる。

[越後妻有の林間学校 2011-2012]

主催：特定非営利活動法人 越後妻有里山協働機構

会期：2011 年 7 月〜 2012 年 2 月　全 11 回　※本書掲載分。以後も継続中

会場：新潟県越後妻有地域（十日町市、津南町）

助成：三井物産環境基金

財団法人 新潟県中越大震災復興基金

特定非営利活動法人 新潟ＮＰＯ協会

協賛：伊藤忠ホームファッション株式会社 KEEN Japan

キーコーヒー株式会社

協力：十日町市

[越後妻有と大地の芸術祭]

越後妻有は、新潟県南端の十日町市と津南町からなる面積 760km²、東京 23 区より広い地域を指し、東京から電車で約 2 時間の距離にある日本有数の豪雪地帯である。過疎高齢化が進む一方、縄文の時代から人々が暮らし、農業を通じ大地と関わってきた歴史・文化と、四季の変化に彩られた山河によって育まれた日本の原風景とも言うべき美しく豊かな「里山」が今も残っている。

「大地の芸術祭　越後妻有アートトリエンナーレ」は越後妻有を舞台に 3 年に 1 度開催される世界最大規模の国際芸術祭で、地域に内在するさまざまな価値をアートを媒介として掘り起し、その魅力を高め、世界に発信し、地域再生の道筋を築くことを目指している。地域・世代・ジャンルを超えた人びとの協働と、基本理念「人間は自然に内包される」に貫かれた活動は、新しい地域づくりのモデルとして高い評価を得ている。

越後妻有の林間学校　目次

プログラムレポート

◉アート

◉百の匠塾

◉レクチャー

「越後妻有の林間学校」講義録

多様な人を受け入れる場をつくる——越後妻有の林間学校

北川フラム

日本列島の、あるいは世界の多くの人々が東北大震災に繋がろう、できる限りその惨禍からの立ち直りを手助けしたいと思い、さらに自分の住む、活動する場で何ができるかを考えたと思う。YouTubeを経てテレビで同時刻、あるいはニュースで流された映像はリアルで、他人事とは思えなかった。類としての人間の繋がりを実感したかに思えた。

「大地の芸術祭の里」は、翌12日に長野県北部地震の直撃を受け、年末からの豪雪もあって多大な被害があった。作品施設に関するだけでも、全壊6件、半壊8件、一部損壊13件などがあり、私たちは地域の復旧に関わったが、同時に東北にどう繋がっていくか、さらに原発による被害が拡大し長期化することに、隣接する場所として何ができるかを考えた。新潟は中越大震災、中越沖大震災をつい先年経験し、多くの援助を受けてきた県である。

2004年の震災時には、義捐金を集め、避難所に洗濯機、冷蔵庫等を差し入れた他、壊れた家の撤去、改修などを「大地の手伝い」と称して行ったが、何よりも喜ばれたのが、被害にあったお年寄りの嘆きを聞くことだった。私たちは芸術祭の準備を止めて、一年間、ただひたすら、大地の手伝いをした。平日は現地スタッフが御用聞きをし、それを受けて週末に多くのサポーターたちが現地で活動をした。それが満を持してということになるのか、地元の人たちのなかから芸術祭の準備をやらなくてよいのか、との声が上がり出したのだ。

お客さんが来る、自分たちが楽しめる、そんなお祭りが予定されていることは、そこの住民を元気にする。昨年は豪雪、地震、水害という災害が連続して押し寄せたが、地域の人々には明るさがある。

「明日の祭には人を元気にさせる力がある」と確かに思うことができた。

震災の翌年から「明日へのフォーラム」を、そして２００７年にはその延長として「こどもサマーキャンプ」を始めた。震災で避難所、仮設住宅に入っている子どもたち、妻有の子どもたち、里山で過ごしたい東京からの子どもたちが一緒になる林間学校は楽しそうだ。地域・世代・ジャンルを超えた人々が集まり、協働することによって「大地の芸術祭」が成立し、展開できた。多様、多層な人々が出会い、相まみえることによって人は育ち、元気になる。違う考え方の人だと敬遠したら、溝はますます深くなる。中山間地で農業に携わる、お年寄りがいる越後妻有に、都会で、美術という得体のしれないことをやっている、外国人・若者がやってき、お互いが開かれ、学び合い、元気になることができた、その経験の大切さこそ「大地の芸術祭」が教えてくれたことだった。役に立たない。手間がかかる。理解しにくい。現代美術なるものが、逆にそれを守るしかないということで人々を繋げることができた。美術は弱いが故に地元と爺さま婆さまと、アーティスト、若者を繋げる働きをもった。それは赤ちゃんのようなものだったのだ。

話を戻そう。

実際のサマーキャンプでは、最初、子どもたちはぎこちない。張り合ったりする。大人たちをとりあう……等々。しかし、遊び、食べる中で他の子を観察し、繋ぎ目を見つける。合宿の終わり、彼らは次の年にまた会いたいと思って、いつもの日常に帰っていく。その一連の一コマ一コマは、私たちライ麦畑ならぬ「田んぼの捕え手」を元気にさせる。地元のお年寄りに来年を待つ希望を持ってもらえる……。こうしてサマーキャンプは続けられた。もちろん、多くのサポーターの好意と働きに支えられて。

３・11の震災の後、東北とどう繋がるかと考えた時、今までやってきたサマーキャンプを軸に、林間学校を考えたらいいと思うのは自然なことだった。被災地の子どもたちと地元の子ども、都会からの子どもたちが一緒に遊び、動ける場所を用意すること。妻有の日常の習い、草取りや野菜の朝もぎ、稲刈り、ラジオ体操をベースに、アート系のワークショップと各ジャンルの専門家のお話で日程を組むこと。被災地の手伝いをしつつ、その場所から子ど

もたちに林間学校に参加できることを伝えること、オープンにした情報も告知すること、子どもたちに付き添ってくれるサポーターを要請することなどの課題をもって、夏からの林間学校の準備に入った。

資金面では、1回の学校に百万円近くかかる。先生方、運営の人々にお礼はできなくてそのくらいだ。このための協賛や助成を企業や基金などにお願いした。行き帰りの付き添いと現場に人手がかかる。子どもたちを預かるとはそういうことだ。実際にも手のかかる子どもの参加が多いし、それは趣旨に近いことだ。震災後、子どもたちの複雑さは増しているように思える。

こうやって林間学校は始まったが、根底には越後妻有という場の地政学的、歴史的な経験がある。

もともと「越後」は中央にとって化外の地であり、政治・経済・宗教・文化的に疎外、追放された人々が生きてきた場所だ。それらの人々を越後の人は受け入れ、粉骨勉励し、膨大な労力をかけ、棚田をつくり、瀬替えをして水田を拓いてきた。これが米どころ越後をつくってきた。明治には日本の総人口3000万人の6%を抱えてきた場所である。平家の落人部落、戦国期の一向宗の門徒たちの集落など、隠れ住んだ人たちの集落は数多い。親鸞、日蓮もそうだ。良寛のことを考えてもいい。彼らは半年近い白一色の雪のなかに端坐、瞠目して絶対的、抽象的無を知り、春を待ち、人を恋うたのではなかったか。「大地の芸術祭の里」はそれゆえ、晴耕雨読ならぬ「夏耕冬読」の土地でありたいと考えるようになった。現代のお金、効率第一の価値観になじまず、社会の中心から疎外される一人一人を受け入れることによって豊かになる場所をつくっていけないか、その試みの始まりが林間学校に託されたささやかな夢だ。

美術は一人一人が違うのだという強い背景から出発している。それは社会、文明、自然と一人一人の人間との関係を知るための技術であり、それゆえ林間学校を支える基点になっている。

（大地の芸術祭総合ディレクター）

「越後妻有の林間学校」プログラム

夏の林間学校

2011年7月末から8月にかけて、夏の間は毎週開催され、計5回、密度の濃いプログラムが行なわれた。講座だけでなく、集落の散歩や朝もぎなど、さわやかな里山の空気を胸いっぱい吸い込んでののび過ごす時間のすべてが林間学校。ひとときの日常を離れ、おだやかな時間が流れる里山で過ごし、五感をときはなたれた人も多かった。

第1週目 こどもサマーキャンプ

日にち	プログラム
7月28日（木）	みかんぐみ「〈みんなの茶室〉をつくろう」
7月29日（金）	
	かまどでごはんを炊き、茶室で夕飯
	民話の朗読会
7月30日（土）	小沢剛＋深澤孝史「三省ハウス双六」
	小沢剛＋深澤孝史「袋の国へようこそ！」
	キャンプファイヤー
7月31日（日）	小沢剛＋深澤孝史「絵手紙を描こう」

第2週目

日にち	プログラム
8月5日（金）	アートツアー
	キム・アンダーソン「足の裏を描く」
8月6日（土）	Creative for Humanity「隠れ家をつくろう・隠れ家で遊ぼう」
	北川フラム「どうして人はモノを作るのか —— my favorite things」（第二部）北川フラム、安部良、金田充弘鼎談
8月7日（日）	百の匠塾「棚田の草刈り」
	田島征三＋水内貴英「美術館見学と〈縄文おばけ〉づくり」

第3週目

日にち	プログラム
8月12日（金）	アートツアー
	山上徹二郎「映画〈はだしのゲンが伝えたいこと〉の製作を通して」
8月13日（土）	朝もぎ体験
	百の匠塾「伊沢和紙漉き体験＋うちわづくり」
	宮本亜門「違うからおもしろい、違わないから素晴らしい」
8月14日（日）	朝の散歩
	日比野克彦「明後日朝顔提灯づくり」

第4週目

日にち	プログラム
8月19日（金）	アートツアー
	野田正彰「精神病理学の視点から」
8月20日（土）	眞田岳彦「身近な布を使ったパペットづくり」
	鬼太鼓座「〈世界のリズム〉を感じよう」
	高橋匡太「光場で遊ぼう」
8月21日（日）	朝の散歩
	池内了「科学ってなに？　宇宙ってなに？」

第5週目

日にち	プログラム
8月26日（金）	深川資料館通り商店街のみなさん「かかしづくり」
	尾田栄章「水のことをもっと知ろう」
8月27日（土）	アトリエ・ワン「みんなの縁側づくり」
	加藤典洋「言葉のパッチワークで『やまなし』を聞こう」
8月28日（日）	朝の散歩
	森繁哉「米を食う」

「越後妻有の林間学校」プログラム

秋冬の林間学校

夏が終わり、林間学校は秋・冬と続けて行なわれた。月に1回、1泊2日のツアーとして開催し、その季節ごとの越後妻有の風土を楽しむプログラムや集落行事への参加を織り交ぜながら、里山の四季を堪能する講座が組まれた。

9月

日にち	プログラム
9月24日(土)	絵本と木の実の美術館見学
	青木野枝「鉄の溶断・溶接を体験」
	森の学校キョロロ見学
	百の匠塾「集落民家で民話を語る」
9月25日(日)	朝の散歩
	新野洋「里山の植物でオリジナルの昆虫をつくろう」

10月

日にち	プログラム
10月9日(日)	アートツアー
	鞍掛純一＋日本大学芸術学部「脱皮する下駄づくり」
	森の学校キョロロ見学
	坂東眞理子「生きるとはなにか」
10月10日(月祝)	百の匠塾「棚田の稲刈り」
	橋本典久「ミクロの世界を覗いてみよう」

11月

日にち	プログラム
11月5日(土)	京都精華大学「そばの収穫体験」
	キナーレ蕎麦祭り
	アートツアー
	宇根豊「人はなぜ自然にひかれるのか──人も自然の一員になれるのか」
11月6日(日)	百の匠塾「秋山郷・紅葉トレッキング」

12月

日にち	プログラム
12月24日(土)	アートツアー
	モコメシ(小沢朋子)「誰かのためにつくるクリスマスディナー」
	吉見俊哉「東京に負けない──21世紀はどんな未来か」
12月25日(日)	百の匠塾「あんぽづくり」

1月

日にち	プログラム
1月14日(土)	雪遊び
	森まゆみ「まちづくりってなんだろう」
	おおたか静流「音の魂を歌う」
	鳥追い
1月15日(日)	どんど焼き
	むこ投げ・墨塗り

2月

日にち	プログラム
2月25日(土)	雪アート・プロジェクト／雪の運動会
	高橋匡太「Gift for Frozen Village 2012」
2月26日(日)	百の匠塾「ちんころ」づくり体験
	森繁哉「越後妻有 芸能風土記プロジェクト 雪渡り」

「越後妻有の林間学校」プログラムレポート
アート｜百の匠塾｜レクチャー

夏から冬にかけて、11 回の林間学校が行なわれ、合計約 40 のプログラムが開催された。美術や音楽、建築、舞踏、食などのワークショップのほか、生き方や自然をテーマとしたレクチャー、地域の達人たちの指導で里山や集落の伝統を学ぶ「百の匠塾」など、多彩なメニューが組まれた。11 回の林間学校に、新潟県内への避難者、宮城・福島を中心とした被災地の人びと約 300 名、主に首都圏からの親子約 100 名の計約 400 名が参加。みんなで、またはチームでひとつのものをつくり、考える喜びのなかで、地域を超えた繋がりが自然と生まれていった。子どもも大人も、「きっとまた、ここで会おうね」と言い合って手を振る姿があちこちで見られた。

2011/7/28-29
三省ハウス

「みんなの茶室」をつくろう

ART

講師＝みかんぐみ

アイス・ブレークやチーム対抗ゲームなどを取り入れながら、「茶室＝好きなことをするための部屋／みんなの居場所」を段ボールでつくるワークショップ。茶室って何が必要？ 床の形はどうする？ 入り口はどこ？ 頑丈な建物にしたいね。窓は、天井は？ 茶室の名前もいるよね。順を追って2日間かけて取り組んだ。庭やポストもある個性的な茶室が完成。互いの茶室を訪問し、おもてなしを受けるワークショップでは、自然にあいさつが交わされていった。それぞれの茶室に集まっての夕食も。年長の子どもたちが苦労しながらリードしたかいあって、完成した茶室にみんな大満足。茶室は夏の間、三省ハウスに展示された。

最初は絶対できないと思ったけど、ぼくたちの茶室ができた。座布団もテーブルも作ったよ。

みかんぐみ
建築家。1995年、NHK長野放送会館の設計を機に加茂紀和子、曽我部昌史、竹内昌義、マニュエル・タルディッツらにより共同設立。戸建住宅から、保育園、グループホームやライブハウスなどの建築設計を中心に、家具、プロダクトやアートプロジェクトまで幅広くデザインを手がけている。

2011/7/30
三省ハウス

三省ハウスゴロク＋袋の国へようこそ！

ART

講師＝小沢剛＋深澤孝史

豪雨で作家・小沢剛さんが足止めに合うというハプニング。小沢さんと「かまぼこアートセンター」に取り組んできた作家・深澤孝史さんが、急遽、代理でワークショップを進行。「学校全体をスゴロクにしよう」という深澤さんの提案に、子どもたちは嬉々としてユニークなマスを編み出した。三省ハウスは巨大なスゴロクに変貌し、大雨のなか楽しい時間が生まれた。「袋の国へようこそ！」は、紙袋とテープを使って自分の衣装をつくるワークショップ。はかま、リボン、ベストなど、それぞれの個性が光る衣装が完成し、ファッションショーも。翌朝、豪雨のなか27時間もかけて到着した小沢さんに、子どもたちは絵手紙を描いて、楽しかったことを伝えた。

サイコロも作ったけど、ちょっと曲がっちゃった。同じ数字ばっかし出るんだよ。なんで？

小沢 剛
1965年、東京都生まれ。美術家。1993年から牛乳箱を用いた超小型移動式ギャラリーを開始。2003年、大地の芸術祭で「かまぼこ型倉庫」を制作し、以後継続的に越後妻有で作品を展開。

深澤孝史
1984年山梨県生まれ。2011年、取出アートプロジェクトに参加。越後妻有では、2010年に発足した「かまぼこアートセンター」プロジェクトのメンバーとして参加。

2011/8/5
三省ハウス

足の裏を描く

ART

講師＝キム・アンダーソン

墨を足の裏にぬるとき、くすぐったかった。昔の内気な自分を踏みました。

手足や皮膚などの身体は、その人の暮らしぶりが表れるだけでなく、暮らしの場や周囲の環境に絶えずふれている。足は、行きたい場所に連れて行ってくれる大切な身体の一部で、行った場所までの「足跡」も残す。オーストラリアからのレジデンス作家とのワークショップは、ペアになってよく観察しながら互いの足の裏を描く、そして、画用紙に「自分が踏みつけたいもの」を記して踏みつけて足形を採る、というふたつ。このワークショップでは、「なるべく知らない人」とペアになって、足の裏を見せ合いながら、細かいシワもつぶさにデッサンしていった。「描くことは、じっくり観察すること」と語るアーティストと過ごした時間。

キム・アンダーソン
オーストラリアのアーティスト。現在は、若手作家のためのスペース「Space22」を運営。人間の手や足、皮膚などの身体の部位をつぶさに観察し描写する作品を発表している。２０１１年７～８月、豪日交流基金の助成を受け、越後妻有でアーティスト・イン・レジデンス。

ART

隠れ家をつくろう・隠れ家で遊ぼう

2011/8/6
三省ハウス

講師＝Creative for Humanity（CFH）

Creative for Humanityは、震災後、避難所などたくさんの人びとが周囲にいる生活環境にあっても、こどもが楽しく遊び、おとなも自然に集える場をつくろうと、福島県内で活動しているグループ。今回は、ネットや草花を使い周囲とは仕切られているが完全に閉ざされることのない隠れ家を屋外でつくった。草花は三省ハウスのグラウンドから皆が思い思いのものを採ってきて制作。なかにいる人びとは「開かれている」と感じられる場となり、周囲から見守られながら子どもたちが安心して遊べる空間が完成。身近なものを使って工夫することで、みんなが集える場所や空間を多様な方法で創り出せるというメッセージとなった。

Creative for Humanity

Creative for Humanity
東日本大震災をきっかけに結成。構成メンバーは、建築家、美術家など創造分野の専門家が中心。クリエィティブの力で社会的責任を果たすことを目標とし、被災地でのボランティア、被災されている方々をつなぎ活動をひろげる役割を目指す。

「草で虫の隠れ家も作って、バッタを入れてあげたんだよ。」（子ども）
「虫嫌いでさわれなかったのに？！」（母）

2011/8/7
鉢＆田島征三
絵本と木の実の美術館

ART

美術館見学と「縄文おばけ」づくり

講師＝田島征三＋水内貴英

「おばけ」なんてつくったの久し振りでした。粘土さわったのも。

「絵本と木の実の美術館」を田島征三さんの案内で見学し、アールブリュットの作家たちの作品を集めた特別企画展「ふしぎの国の天才たち」について、作家たちとのエピソードを交えたお話を聞いた。「大好きないもの絵を描きたくて、いつも育つ前に掘ってしまうから、おいもが食べられないんだよ」という田島さんのお話には、大人も子どもも大爆笑。その後は、この鉢集落で作品を手がけてきた作家・水内貴英さんの指導で、粘土でつくる「縄文おばけ」のワークショップ。ドラドラバンやトペラトトというおばけたちが住んでいる、かつて小学校だった美術館で、参加者は思い思いに自分のおばけを生み出した。

田島征三
1941年、大阪府生まれ。絵本をつくりながら、木の実や流木などによる作品を発表。2009年、大地の芸術祭で、鉢集落の廃校をまるごと絵本にした「絵本と木の実の美術館」を手がける。

水内貴英
1979年、岡山県生まれ。2000年、大地の芸術祭に、サポートスタッフ「こへび隊」として参加。2003年、2009年、大地の芸術祭に作家として参加し、以来、鉢集落との交流を続けている。

2011/8/14
明後日新聞社
文化事業部

ART

明後日朝顔提灯づくり

講師＝日比野克彦

日比野克彦
1958年、岐阜県生まれ。東京芸術大学教授。1986年、シドニー・ビエンナーレ、1995年、ヴェネチア・ビエンナーレに出品。2003年、大地の芸術祭で、莇平集落の廃校を「明後日新聞社文化事業部」として展開して以来、継続的に越後妻有と莇平集落に深くかかわる。

「明後日新聞社」の社屋をつたう朝顔の花と種がモチーフのワークショップ。参加者は、和紙に朝顔の花をカラフルな色鉛筆で写生。真夏の校庭で、「アサッテ麦わら帽子」をかぶり、描いた和紙を竹に貼っては、朝顔の種のカタチをした提灯に仕上げていった。作家が指導する大学のゼミ生たちも、莇平《あざみひら》集落の人びとも参加し、かつての小学校のグラウンドに元気な声が響き渡った。家族や友だち同士で協力しながら提灯をつくり、完成した提灯は竿に吊され「竿燈《かんとう》」のように空に向かってすっくと立てられた。清々しい夏の青空へと伸びる竿燈。見上げると、自然と大きな歓声があがった。提灯は、その夜集落で行なわれた盆踊りで火が灯された。

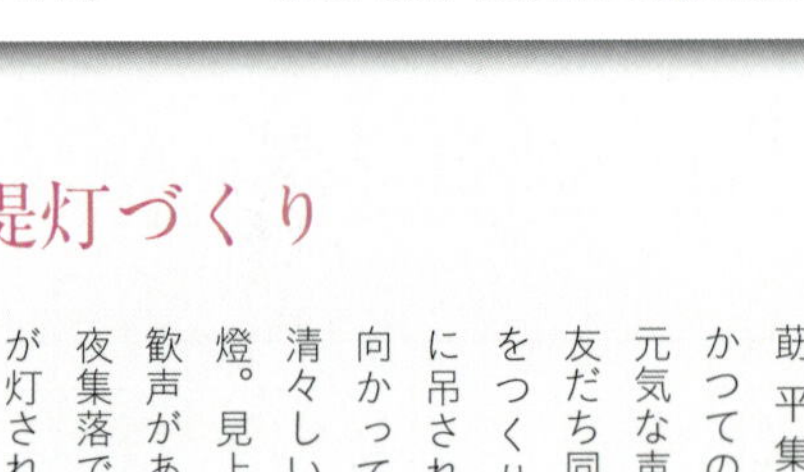

まだ描きたいんだよ、ぼく。3枚も朝顔描いちゃった。グラウンドにいたアリも描いたよ。

2011/8/20
まつだい
「農舞台」

身近な布を使ったパペットづくり

ART

講師＝眞田岳彦

布を使ってパペットをつくるワークショップ。配られたのは、一枚一枚丁寧な手仕事で縫い上げられ、パペットもついたカラフルなブランケット「心の布」。里山で採ってきた草花や葉っぱを使い「この生き物は、こんなところに住んでいる。名前は○△◎。」などと特徴を考えながら自分だけのオリジナルパペットを制作。どこにもいない、自分だけのパペットができあがった。パペットを動かしながら自己紹介。ひとりひとりのブランケットをつなげて、「包む空間」づくりにも挑戦。ひとりのブランケットは小さいけれど、つなぎ合わせると大きな一枚の布になった。波を起こしたりトンネルにして子どもたちがくぐり抜けるなどして和やかに遊ぶ場面も。

眞田岳彦
1962年、東京都生まれ。眞田造形研究所代表。女子美術大学・大学院特任教授。東北芸術工科大学客員教授。染織文化再考プロジェクトの開催、社会問題を提言するデザイン「プレファブコート」の研究開発など、衣服と繊維によるアート・デザイン活動を行なう。

うちの子は毎晩、パペットと「心の布」を枕元に置いて寝てます。

2011/8/20
まつだい
「農舞台」

ART

「世界のリズム」を感じよう

講師＝鬼太鼓座

宮城県石巻市荻浜から届けられた色とりどりの大漁旗がはためくなか、リズムを体感するワークショップ。参加者は鬼太鼓座の指導を受け、音を出す前にはよく耳を澄ますこと、相手と呼吸を合わせることなど、竹の楽器を演奏しながら学んだ。練習を経て、一瞬の静寂のあとに最初の音がぴたりと揃った瞬間を、この場に集まった人びとは忘れないだろう。石巻市立荻浜小学校の子どもたちは学校行事で踊ってきた「南中ソーラン節」を、地元の水沢地区の子どもたちは地域に伝わる労働唄「石場かち唄」を披露。子どもたちのパフォーマンスに鬼太鼓座が共演。水沢地区の子どもたちから荻浜小の子どもたちへ応援メッセージも贈られ、鬼太鼓座も迫力のリズムで声援を送った。

鬼太鼓座
1969年結成。「走ることと音楽とは一体であり、それは人生のドラマとエネルギーの反映」という独自の「走楽論」を持つ。富士山麓を走りながら展開する演奏活動は、和太鼓を中心とした圧倒的な音楽で国内外から絶賛をあびる。2003年に越後妻有で初公演以来、ほぼ毎年公演。

太鼓の音がおなかの中に、ずしんとひびいてビリビリした。

2011/8/20
三省ハウス

光場で遊ぼう

ART

講師＝高橋匡太

おっきな風船は、捉まえようとするとつるんとすべって、なかなか取れなかった。

三省ハウスのグラウンドに穴を掘り、LEDライトが仕込まれた箱を埋めて光が遊びまわる「光場《ひかりば》」が出現。あいにくの雨となったが、みんなで暗闇に浮かぶ光を追いかけ、「光場」を楽しんだ。布や大きな風船、ロープやマントなどの小物も使って遊ぶと、ものや人の影と光が交差し、闇のなかに多様であざやかな表情が浮かび上がった。光が透過するときに見えるかたちや、足元の光の変化を楽しみながら、椅子取りならぬ光取りゲームも行われ、ネオンや街灯のない暗い里山で、参加者は色とりどりの光が踊る不思議の国の夏の一夜、のびのびと駆け回った。

高橋匡太

１９７０年、京都府生まれ。映像と光によるアートプロジェクト、パブリックプロジェクション、インスタレーション、パフォーマンス公演など幅広く活躍。冬の越後妻有では、雪を光でみせるインスタレーションを展開。２０１１年、国民文化祭の開・閉会式の芸術監督に就任。

2011/8/26
三省ハウス

かかしづくり

ART

講師＝深川資料館通り商店街のみなさん

お姫様かかしの髪の色はなに色だろう？

東京都江東区の深川資料館通り商店街で毎年取り組んでいる「深川かかしコンクール」に出展するかかしをみんなでつくろうと、大量のかかしの骨組みが三省ハウスの体育館に搬入された。2、3人のチームになって、古着を着せたり、顔を描いたり、髪の毛をつけたり。かかしづくりを終えたあと、それぞれのかかしをチーム毎に発表。「このかかしは?」「おしゃれかかしです」「大変だったところは?」「かっこいいブローチをつくることです」。はじめのうちは戸惑っていた子どもたちも、最後には個性溢れるかかしを約30体ほど完成させた。つくられたかかしのうち16体が2011年の深川かかしコンクールに出展され、11体は「ユニーク賞」などの賞も受賞した。

深川資料館通り商店街

２００７年、２００９年に東京都商店街グランプリを獲得した元気な商店街。ユニークな案山子づくりなどで積極的に地域づくりに取り組む。２００６年より、深川の案山子が越後妻有に嫁入りするといった作品を大地の芸術祭に出品して以来、越後妻有の地域づくりにもかかわる。

2011/8/27
三省ハウス

みんなの縁側づくり

竹でマイカップもつくった。家に持って帰ってお水を飲んだら、あの日お昼に食べたカレーの香りがちょっとだけした。

ART

講師＝アトリエ・ワン

竹を使って縁台をこしらえ、家族や仲間同士で話をしたりお茶を飲んだりして過ごせる「縁側」をつくるワークショップ。座面に竹を並べ、シュロ縄を使って筏のように固定していく。竹の太さがバラバラで、ちょうどよく組み合わせていくのに子どもたちは苦労した。できあがった縁側は、チームごとに持ち運んで、集落を巡り、神社の境内や坂道の途中など景色のいい場所を探し、気に入った場所に置いて過ごした。縁側は想像よりずっと重たくて、途中休み休みの場所探しとなった。セミの鳴き声と林を渡る風を感じながら、のんびりと流れる時間。縁側で麦茶をごくごく呑むと、「生き返る!」と声があがった。

アトリエ・ワン
建築家。1992年、塚本由晴と貝島桃代により設立。建築設計、都市リサーチ、アート作品の出展など、多岐にわたる活動を国内外で行なう。2000年、2003年、大地の芸術祭に参加。2005年の作品「ハウス&アトリエ・ワン」ではグッドデザイン賞を受賞(2007年)。

2011/8/28
まつだい
郷土資料館

米を食う

ART

講師＝森繁哉

森繁哉
1947年、山形県大蔵村生まれ。現代舞踏家。大蔵村を本拠地に活動し、村人と「すすき野シアター」を運営。2003年より、家族舞踏集団南山座とともに集落門付けするなど、越後妻有の集落とも深く関わる。著書に『東北からの思考』(新泉社、入澤美時との共著)がある。

田んぼ作業「結」を体感するワークショップ。藁縄と石を使い、郷土資料館の中に四角い形をつくり、田んぼに見立てる。田起こしから田植え、草取り、稲刈りと、田んぼの作業に使う道具を用いながら、お米作りの作業を身体で確認していく。どの作業も、手を外側から内側へと身体に寄せるように動かす。それは、日本の民俗芸能の所作の根幹なのだと教わる。春から秋の実りまで、米作りの行程を再現し、稲刈りを終えたあとには、新嘗祭(収穫の祝い)も。ごはんをお茶碗によそい、いただきますとあいさつして食べる仕草まで、身体表現を通して農作業を体感する時間となった。最後に、森さんが田楽を披露。ひょっとこ面を付けて踊る森さんに、子どもたちはかぶりつくように見入っていた。

森さんが使ったお面をかぶってみた。なんか踊れそうな気持ちになった。

2011/9/24
まつだい
「農舞台」

鉄の溶断・溶接を体験

ART

講師＝青木野枝

くわがたつくった。ちゃんと6本の足で歩いてるみたいにできたし、角のギザギザもできた。玄関に飾るんだ。

鉄を使う作家によるワークショップ。厚く硬い鉄板に、好きな絵を描く。描く道具は「ロウ」。ここからして経験したことのない世界。作業服、帽子、手袋、そしてゴーグルと完全装備で作家と一緒にバーナーを握る。青白い炎のすじが鉄板に当たると赤い火花が飛び、鉄が溶断されていく。細かい線や複雑な曲線もしっかりと溶断され、赤く熱せられた鉄片は水に入れると、ジュッと音を立て、水は熱湯へと変わる。平面だった鉄板の絵は、魔法にかかったようにパーツが溶接され、立体のオブジェに変身。鉄でつくればなんでもうまくいく。作家の言葉が、子どもたちがつくりあげたオブジェを通して参加者に伝わっていった。

青木野枝
１９５７年、東京都生まれ。鉄を素材にした空間表現を行なう彫刻家、版画家。多摩美術大学客員教授。２０００年、芸術選奨文部大臣新人賞を受賞。２００３年以降大地の芸術祭に継続的に参加。国際芸術センター青森、国立国際美術館、ほか多くの美術館で作品がコレクションされている。

2011/9/25
まつだい
「農舞台」

里山の植物でオリジナルの昆虫をつくろう

ART

講師＝新野洋

まつだい「農舞台」周辺の里山で植物を採取。その植物を素材にして油粘土に挿したり貼り付けたりしながら、オリジナルの昆虫を作るワークショップ。企画展示「里山実験室」展で作家の作品を観てイメージをふくらませた参加者は、小さな木の実、葉っぱのかたちや色を、改めてじっくりと見ながら、それぞれが思い思いの昆虫をつくりだした。大人は蝶々やとんぼ、てんとう虫など、自分が知っている昆虫を植物でデザインしたものが多かったが、子どもたちは新しい昆虫を生み出していった。

新野洋
１９７９年、京都府生まれ。アーティスト。京都造形芸術大学洋画科卒業。ウィーン造形美術大学卒業。ウィーンへの留学を経て絵画から立体へ移行し、独学で樹脂の扱いを学ぶ。自然界にある優美なかたちを取り込み、この世界には存在しない美しい〈いきもの〉を制作する作家。

棚田のまわりに、こんなにいろんな色や形の植物があったなんて、はじめて知りました。

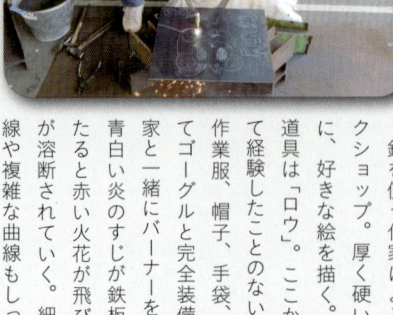

2011/10/9
脱皮する家

ART

脱皮する下駄づくり

三省ハウスの廊下は、下駄で歩くとガタガタと音がしました。

講師＝鞍掛純一＋日本大学芸術学部

空家の床、壁、天井といったあらゆる表面を彫刻刀でひたすらに彫り抜いた作品「脱皮する家」。大地の芸術祭の象徴的な作品のひとつである家の軒先で、秋のやわらかな陽射しのもと、筵《むしろ》を敷いて一心不乱に下駄を彫り込んだ。日大の学生たちが、子どもたちをサポート。「脱皮する家」同様、彫る方向は左から右へと統一させる、裏側や脇も彫る、といったルールを優しく教わり、彫刻刀の使い方のアドバイスを受けながら、自分だけの「脱皮する下駄」を完成させた。小さな子どもたちも途中で投げ出すことなく、木くずだらけになって取り組んだ。作品制作の苦労を肌で感じる経験ともなった。

鞍掛純一
1967年、東京都生まれ。アーティスト。日本大学芸術学部美術学科彫刻専攻卒業。現在同大学准教授。鞍掛純一＋日本大学芸術学部として2006年、大地の芸術祭に参加、2年以上かけて「脱皮する家」を制作。その後も峠集落の行事を応援・参加するなど、大学ぐるみで地域づくりにかかわる取り組みを続けている。

2011/10/10
まつだい
「農舞台」

ART

ミクロの世界を覗いてみよう

講師＝橋本典久

大地の芸術祭の拠点施設「森の学校」キョロロにも展示されている「超高解像度人間大昆虫写真（life-size）」を手がけた作家によるワークショップ。ミクロの世界を覗き込むため「手のひらサイズの小さな顕微鏡」をつくり、里山を散策。自分でつくった顕微鏡で里山の植物や土、興味あるものを観察した。小さな顕微鏡と、観察するものをのせるためのプレパラートづくりに挑戦したが、顕微鏡のレンズは、直径二ミリほどの小さな透明のビーズ。なかなか上手く顕微鏡にならない参加者も。ところが作家がちょっと手を加えると、なぜかきちんと顕微鏡になっていき、その手腕を実感。プレパラートに乗せた、野の花の花粉が大きく見えたときには、思わず拍手！

ビーズのレンズで棚田を見たら大きく見えた！

橋本典久
1973年、愛知県生まれ。写真家、メディアアーティスト。武蔵野美術大学映像学科卒業。筑波大学大学院芸術研究科総合造形分野修了。2003年、scopeを結成。武蔵野美術大学映像学科非常勤講師。2006年、大地の芸術祭に橋本典久＋scopeとして参加、同年情報文化学会芸術賞。講演会やシンポジウムにも多数参加。

2011/11/5
枯木又集落

そばの収穫体験

そばの実ってちっちゃいんですね。これを挽いて粉にしてそばを打つのは本当に大変なんだと実感。

ART

講師＝京都精華大学

大地の芸術祭を契機として、枯木又《かれきまた》集落の廃校となった分校を舞台に持続的なプロジェクトを開始した京都精華大学。集落のみなさんと休耕田を耕し、そばを育ててきた。継続して関わることによって生まれる対話を核に、「記憶」や「発動」をテーマとした取り組みに、林間学校の参加者も加わった。集落の方の手ほどきで、大学生らと一緒にそばの収穫を体験、刈ったそばを、稲と同じように「はさ架け」した。集落の方と学生、そして小さい子どもたちとが自然と交わり合い、子どもたちが刈ったそばを大人が束ね、はさへと運んだ。はじめてのそば刈り体験は、小さな集落の田んぼの畦にたくさんの足跡をつけて、秋の日は過ぎていった。

京都精華大学
２００９年、大地の芸術祭のアーティストとして、学校単位で参加。枯木又集落の小学校を舞台に、教員・学生の共同プロジェクトを展開。その後も枯木又集落と継続的な関わりを続け、地域と大学の協働を模索している。

2011/12/24
まつだい
「農舞台」

誰かのためにつくるクリスマスディナー

ART

講師＝モコメシ（小沢朋子）

モコメシ（小沢朋子）
１９８１年、宮城県生まれ、東京育ち。料理好きの母の影響で幼少から料理に興味を持つ。２００４年、早稲田大学応用化学科卒業、２００６年千葉大学大学院自然科学研究科デザイン専攻修了。インテリアデザイナーとして勤務した後、２０１０年よりフードデザイナー「モコメシ」として独立。

誰かのためにつくるクリスマスのお料理。フードデザイナーの小沢朋子さんによる工夫が凝らされたレシピを、地元の食材を使い調理。食事をつくる相手を考え、つくってくれた人を想うワークショップは、ペアになる相手との自己紹介からスタートした。調理では、特に男の子たちの活躍が光る。さつまいもと黒豆のサラダはレモンが効いてちょっと大人の味に。じゃがいもの代わりにすりつぶした大豆を使ったコロッケ。チキンとお野菜の煮込みはガラムマサラやクミンなど香辛料も本格派。テーブルセッティングもクリスマスの装いにしつらえ、「あなたのために」とつくってくれたお料理を、おなかいっぱいいただいた。外は大雪、食堂の薪ストーブのパチパチとはじける音と、和やかに交わされる会話も楽しむ冬の夜となった。

おいもつぶすの、楽しかった。黒豆もつぶしちゃった。

2012/1/14
三省ハウス

音の魂を歌う

ART

意味のない言葉って、出てこない。アタマをもっとやわらかくほぐさないとですね。

講師＝おおたか静流

歌には歌詞があり、言葉としての意味を持っている。けれど、言葉を脱ぎ去ったら？　音や声の魅力を感じる、歌のお絵かきの時間となった。最初に登場したのはたくさんの色紙。自分の声はこれだ、と思う色紙を取り、同じ色を選んだ人同士でチームを組む。チームのみんなで、その色をイメージして「るるるるろるるぅ〜」、「ありありありありりぃー」、と不思議な言葉で歌ったり、声の強弱や動作で歌が変わることを体感。言葉は意味を持ち、言霊を感じさせるもの。けれどそれ以前に音の魂があって、もしかするともっと深い場所で音の気持ちが動いているのかもしれない。最後には「ぴっとんへべへべ」を輪になって歌った。そうそう、振付けを知っている人は椅子の上でね。

おおたか静流
東京都生まれ。七色の声を自由に操るシンガー＆ボイス・アーティスト。数百曲に及ぶテレビCMでの歌唱や映像、絵画、朗読、ダンスとのコラボレーションなどジャンルや国境を越えた音楽活動を展開。「声のお絵描き教室」主宰、NHK教育テレビ「にほんごであそぼ」にレギュラー出演中。

2012/2/25
まつだい
「農舞台」

雪アート・プロジェクト＆雪の運動会

ART

雪アートプロジェクト参加作家
ジェレミー・バッカー、ロス・クールター、アンジェラ・パイ、三田村管打団？、コンドルズ、池原浩子、伊藤竜一、江口広哲、佐藤郷子、霜鳥健二、関根哲男、高橋トオル、茅原登喜子、半間道子、堀川紀夫、本間恵子、前山忠、吉川弘、ワタナベメイ、高橋匡太、森繁哉

2月の越後妻有で開催される冬の一大イベント「雪アート・プロジェクト」。地域の悩みの種でもある雪を素材にアーティストたちが魅力的な作品を展開する。今回は初の試みとなる「雪の運動会」も開催された。赤青黄緑4色のチームに分かれ、豪雪地ならではのユニークな競技が繰り広げられる運動会に林間学校参加者も出場。会場には、石巻市立荻浜小から届けられた鮮やかな大漁旗がはためく。「この競技に出たい人、集まれ！」という呼び声に子どもたちが殺到。「かんじきダンス」で知らない人とハイタッチして大笑いし、大人も子どもも真剣そのもので雪の塔を積み上げる「雪積み」など、雪の中を転げ回って遊ぶ時間となった。地域の子どもたちやお年寄り、海外からの参加者、企業の参加者や学生など総勢約500名でつくりあげた運動会は感動を呼んだ。

大人は雪積んじゃだめだってば。雪をつむのは子どもだけ！

2012/2/25
まつだい
「農舞台」

ART

Gift for Frozen Village 2012

講師＝高橋匡太

涙が5つぶぐらいでたよ。

雪アート・プロジェクトの作品のひとつ「Gift for Frozen Village 2012」は、夜が本番。大勢の人が参加して小さなLEDライトを雪のなかに埋めることで、約一万もの光の花を咲かせる大プロジェクト。林間学校に参加した子どもたちは、かまくらのなかにLEDの「花の種」を埋めて、かまくらを光の花で満たすという作品制作の過程にも参加した。夕方、参加者は花畑へ向かい、自分の「花の種」も「きれいに咲いてね」と雪のなかに埋め、日が暮れる瞬間を高台から見守った。暗くなるにともない光の輝きを増す花畑。夜を迎え、辺りが暗闇に包まれると、高台いっぱいに集まった人たちは「うわぁ、きれい！」と歓声をあげた。（作家プロフィールはP20に掲載）

2011/8/7
室野集落の
田んぼ

棚田の草刈り

百の匠塾

講師＝斉木稔＋「まつだい棚田バンク」講師のみなさん

草刈りははじめてで、楽しかった。津波で、自然は怖いと思っていたけど、いいところもあるんだと思った。

越後妻有地域では耕作されなくなった棚田が増え続けている。こうした棚田を預かり、里親を募集。里親は、運営資金を出資し、米作りに参加することで、棚田保全に参画する「まつだい棚田バンク」活動。棚田での米作りと作業工程で培われてきた匠の技や智恵を伝え、かつて集落で維持されてきた「結い」の仕組みを、地域外の里親たちと持続可能な取り組みとして行なっている。毎年夏、この「棚田バンク」の年間行事として行なわれる、里親らによる畦の草刈りに、林間学校の参加者も合流。地域の匠たちに草刈りのコツを教わりながら、おいしいお米を作るために欠かすことのできない大事な農作業を手伝った。早朝作業だったが、全員が早起きして参加。草刈りは初めてという人が多く、きれいに刈るにはどうするかなど、楽しみながら作業に挑戦。小さな子どもたちは、草むらの虫たちを観察するなど、夏の朝に棚田をわたる風を感じながら屋外でのびのびと遊ぶ時間となった。早朝仕事の後は、田んぼの畦に座って、おにぎりの朝ご飯。みんな笑顔でおにぎりをほおばった。

2011/8/13
伊沢和紙工房

百の匠塾

伊沢和紙漉き＋うちわづくり

講師＝山本貢

かつては松代・犬伏《いぬぶし》集落の大事な産業であった伊沢和紙。この和紙づくりの伝統を受け継ぐ伊沢和紙工房を訪ね、「紙漉《す》き」や「和紙うちわ作り」に挑戦した。紙漉きでは、「すき舟」と呼ばれる和紙の元になるコウゾやつなぎのトロロアオイ入りの液のなかで、簀桁《すけた》をゆらし、和紙をすくい取って自分だけの和紙一枚が完成。原材料も道具も一緒なのに、漉きあがった和紙は、厚さやコウゾ繊維の混じり具合がみんな違うものとなった。伊沢和紙を使ったうちわ作りでも、押し花が入ったり、色や模様が異なる和紙を選んで、うちわの骨に和紙を貼り付け、骨の形にあわせて和紙を切る。糊の量が難しく、和紙と普段の生活で使っている洋紙との違いにも気付く体験となった。その後、犬伏集落に伝わる太鼓を地元の方から教えてもらい、みんなでバチを握って大きな太鼓を叩いた。

「皮を傷めると、美しい音が出なくなるよ」、と説明したら、優しく触れてくれました。

2011/9/24
小谷の民家

集落民家で民話を語る

百の匠塾

講師＝相沢亨

さすー　さすー

相沢亨さんは、小谷《こたに》集落に住む越後妻有の匠のひとり。集落の歴史や地誌の造詣が深く、古くからの民話を知る集落の語り部でもある。そんな相沢さんの家は、雪国の生活を色濃く映す立派な民家。夜のプログラムとして集落を散歩しながら相沢さん宅を訪れた林間学校の参加者を、相沢さんはにこやかに迎え入れてくれた。「こっちの方では、民話語りをするとき、話し手が『……だったんだんが』と言ったら聴く人は『さすー』というあいの手を入れます。この『さすー』がないと、話し手は先を話せないので、みなさんよろしく」と前置きをして、地域の民話を話し始めた。松之山弁でのんびりと語られる物語の呼吸に合わせて「さすー」。部屋に入りきらないほどの参加者が、全員で「さすー」と返すと、相沢さんは笑顔でお話の続きを聞かせてくれた。

百の匠塾

棚田の稲刈り

2012/10/10
室野集落の田んぼ

刈った稲を束ねるのは、難しい！
地元のみなさんは、さすが達人芸でした。

「まつだい棚田バンク」に参加しているアウトドアブランドKEENが応援する棚田を、みんなで稲刈り。しかし、刈った稲を束ねる作業に悪戦苦闘。稲を束にして、くるんと回して藁でしばる。地元の人びとは慣れた手つきで次々にくるん、くるん。参加者は、「も、もう一度やってみてください！」。稲刈りの匠が、左右の手の動きを実演しながら説明。「手の甲に稲を乗せるようにして……」よし。マネしてみよう。あれれ、なぜばらばらに？　刈った稲を束ねる技の披露と伝授が、田んぼのあちこちで行なわれた。なかには稲を刈ることだけに徹した人も。黄金に実った稲株を鎌でザクザクと刈りながら「たわわに実った」稲穂が重たいことを実感。予定した田んぼの稲刈りは無事すべて終了し、稲株だけになった棚田で記念撮影。達成感に包まれた秋の日となった。

講師＝斉木稔＋「まつだい棚田バンク」講師のみなさん

2011/11/6
秋山郷

秋山郷・紅葉トレッキング

百の匠塾

講師＝滝澤政則

吊り橋がゆらゆら揺れて怖かったけど、がんばって渡った。

雨天で予定を変更、津南町の「なじょもん」を見学し、長野県境の前倉橋までバスでドライブ。絶景の紅葉・渓谷美。かたくりの宿の近くで、地元・結束《けっとう》集落在住で、元マタギの滝澤政則さんのガイドでミニトレッキングを体験した。当日は残念ながら小雨で、無理なく歩いて行ける場所の案内をお願いしたが、坂は意外と急だし、足元はすべるし、とちょっとした冒険に。木の吊り橋・見倉橋は今も生活道路として利用されていて、吊り橋の上を歩くとゆらゆら揺れる。しかも、橋から見える風景は圧倒されるほどの絶景。お昼には具だくさんの豚汁でほっと一息ついた。

2011/12/25
三省ハウス

百の匠塾

あんぼづくり

講師＝相沢俊子＋樋口ノブ子＋福原節子

生地はけっこう重たくて、しっかりしてる。がんばって混ぜないと、うまくいかない。

冬の郷土食のひとつとして食べられてきた「あんぼ」を、小谷集落のお母さんの指導のもと、みんなでつくってみることに。「今回は小谷集落のつくり方で」と集落のお母さんは「あんぼ鉢」を取り出した。お米の粉にごはんを混ぜ、こねる。丸める。大根菜、あんこなどの具を入れ、渋柿を皮に混ぜる。それらを一度ゆで、焼き上げればできあがり。みんなで取り組む作業は、材料を混ぜ、こね、具を入れるところまで。「なんだかんたん!」と言いつつ、いざやってみるとなかなか大変。混ぜにも力が要る。こねるのも力仕事。あんこが多すぎてはみ出し、よもぎ色の団子があんこ色になっている。それでも自分たちでつくったものはやっぱりおいしい。それまであんこが食べられなかったという子も、むしゃむしゃほおばっていた。

2012/1/14
小谷集落

百の匠塾

集落の小正月・鳥追い

講師＝小谷集落後継者会

みのって雪かぶってもだいじょうぶなんだよ、ほんとに。

小正月は、集落にとって大切な冬の祭り。子どもたちの「鳥追い」は、わらぐつに蓑《みの》をまとった子どもたちが「鳥追い歌」を歌いながら、集落を練り歩く行事。子どもの人数が減るとともに「鳥追い」を行なう集落は減り、今、松之山地区では小谷集落のみ。林間学校参加者もこの行事に参加し、子どもたちは薄暗い雪景色のなか提灯を手に家々を巡った。豊作を願う歌を贈られた家は、お礼に子どもたちにお菓子を渡す。それを最年長の子どもが人数分に平等に分けてお菓子の山をつくり、小さい子から順にお菓子を選んでいく。そんな一場面にも、集落でともに生きる工夫が顔をのぞかせる。この夜は、三省ハウスでも腕によりをかけた小正月料理が振舞われ、みんなで和気あいあいと鍋を囲み、参加者も集落の人びとも、各々の地域に伝わる歌を披露しあった。

百の匠塾

2012/2/26
鉢&田島征三
絵本と木の実の美術館

お米の粉で「ちんころ」づくり

講師＝絵本と木の実の美術館スタッフ

寒いから、「ちんころ」にマフラーしてあげた。

雪に包まれた「絵本と木の実の美術館」を訪れた。夏に続いて二度目の参加者も、雪に覆われた美術館は初めて。左右が雪の壁になった坂道を登っていく短い間にも、子どもたちはさっそく遊びを見つけてはしゃぎだす。館内では、「ちんころ」づくりに挑戦。「ちんころ」とは、犬の品種「狆《ちん》」を語源にもつ言葉で、仔犬を意味する。十日町市では、しんこ（米の粉）で仔犬や干支をかたどった細工物が節季市で売られ、縁起物として知られている。ひとつひとつ手作りで、それぞれ表情の違う細工物は、地域の人びとからも愛されている。赤や青、明るい色のついたしんこを組み合わせて、多様な表情のちんころができていく。子どもたちの方が得意で、大人は苦戦する場面も。つるんとした、色とりどりの「ちんころ」たちができあがり、最後は蒸して完成。福を招く「ちんころ」をお土産として家に持ち帰った。

2011/8/6
三省ハウス

レクチャー

どうして人はモノを作るのか ―― my favorite things

講師＝北川フラム＋安部良＋金田充弘

第一部は、美術についてのレクチャーと自分の大好きなものを絵に描くワークショップ。レクチャーでは、越後妻有の背景や、作家たちがどんなことを考えて作品をつくってきたかについてスライドを見ながらお話を聞いた。北川さんは、「自分と他人、みんな違う。それが美術の始まりなんです。」と語った。第二部は、建築家の安部良さんと構造設計の金田充弘さんを交えての鼎談。安部さんはガウディのサグラダファミリアにワクワクしたことが建築家を目指すきっかけになったと話す。金田さんは、「ものづくり」をテーマに、「構造」の仕事について紹介。参加者からの質問に答えて活発なディスカッションも行なわれた。

北川フラム　１９４６年、新潟県生まれ。アートディレクター。街づくりの実践では、「越後妻有アートトリエンナーレ 大地の芸術祭」、「瀬戸内国際芸術祭」の総合ディレクターなど多数。２００６年、芸術選奨受賞。
安部良　１９６６年、広島県生まれ。１９９５年、安部良アトリエを立ち上げ、建築作品を中心に活動。２０１０年、瀬戸内国際芸術祭にて、「島キッチン」で、AR AWARD for EMERGING ARCHITECTURE を受賞。
金田充弘　１９７０年、東京都生まれ。カリフォルニア州立大学バークレー校で建築を学ぶ。２００２年、松井源吾賞を受賞するなど、構造家として高い評価を得ている。２００７年より東京藝術大学准教授。

好きなものっていわれたから、毎朝食べてる納豆とごはんを描いたら、前に出て発表することに！

2012/8/19
三省ハウス

レクチャー

精神病理学の視点から

講師＝野田正彰

精神病理学を専門とする医師である野田正彰さんのレクチャーでは、ヒトの遺伝や、性格形成などについて話された。狩猟採集を行なっていた頃、人の社会は平等で、私たちの遺伝子には狩猟採集民の性質が刻まれているそう。一方、人間の性格は、育つ環境のなかでつくられていき、自分の身につけた考え方を、根本から問い直すことも必要だと野田さんは語る。被災地からの参加者に、「この大震災には意味があります。家族や親しい人を亡くしたときは、心のなかで充分に対話することが必要。悲しみを忘れるのではなく向き合ってください。深く哀しんだ人ほど深く喜ぶこともできるのです。」と語りかけた。

震災の後、最初は気が張っていましたが、徐々に余裕がなくなってきました。気持ちを保っていくために、アドバイスいただけませんか。

野田正彰
1944 年、高知県生まれ。精神病理学者。北海道大学医学部卒業。2004 年より関西学院大学教授。精神病理学の見地から、災害救援などを通して精神や社会意識について鋭い分析を行なう。阪神大震災から見えてきた課題についての講演会も多数。『喪の途上にて』(岩波書店) で講談社ノンフィクション賞受賞。ほか著書多数。

2011/8/27
三省ハウス

言葉のパッチワークで『やまなし』を聞こう

レクチャー

講師＝加藤典洋

宮沢賢治『やまなし』は、九八個の文章からなる短編童話で、賢治の数少ない生前発表童話の一つ。参加者がそれぞれ一文ずつを担当し、言葉のパッチワークをつないでひとつの『やまなし』をつくるワークショップ。加藤典洋さんは、ひとりひとりがひとつの文章になる体験をしようと呼びかけた。参加者は好きな形に切った紙に自分が朗読する文章を書き、それぞれが朗読。声は録音され、最後にみんなで紡いだ物語を楽しんだ。加藤さんは、『やまなし』には「無いもの」があり、それがこの小さな童話を心に残るものにしていると語りかけ、『いいこと』は、辛抱強く待つとやってくる。一度ズシンと沈んでもまた浮かんでくる、それをじっくり待って受け取るとき、『甘いもの』になっている」と、この透明感あふれる美しい童話に対する賢治のメッセージを伝えた。

「クラムボン」ってなにかなぁ。朗読したらなんだかやさしい感じがする言葉だった。

加藤典洋
１９４８年、山形県生まれ。東京大学文学部フランス文学科卒業。文芸評論家。早稲田大学国際学術院教授。現代文学、思想史、政治、歴史認識と幅広く発言する。『言語表現法講義』(岩波書店)で第10回新潮学芸賞受賞。そのほか著書多数。小林秀雄賞、太宰治賞の選考委員。

2011/10/9
三省ハウス

レクチャー

生きるとはなにか

講師＝坂東眞理子

昭和女子大学学長、『女性の品格』著者としても知られる坂東眞理子さんは、ヨーロッパとアメリカの学校制度を紹介しながら、個性を活かす学び方の違いが、社会全体の成長にどう影響しているのかお話された。また、友だちとのつきあい、人との接し方や社会でのふるまい方、そして、自立すること、「愛されるより愛する人になる」など、多岐にわたるお話をいただいた。官僚や学長といった輝かしい経歴の裏で、坂東さんご自身が仕事をしながら子育てをし、人間関係で悩み、社会のなかでぶつかる壁と向かい合ってきた実体験から、どのように人としての基本を養ってきたのか、改めてお聞きする時間となった。

坂東眞理子
1946年、富山県生まれ。東京大学文学部卒業。評論家。昭和女子大学学長。1969年、総理府入省。男女共同参画室長、埼玉県副知事を経て、1998年に女性初の在豪州・ブリスベン総領事に就任。女性政策に携わり、その立案をリードした。『女性の品格』（PHP新書）ほか著書多数。

コラム

優しい出会いに恵まれました

話＝三省ハウススタッフ

「越後妻有の林間学校」の滞在宿泊場所となった三省ハウスでは、地域のお母さんたちが食事や清掃を担い、来訪者を温かくもてなした。

「わたしたちが林間学校のみなさんに会うのは、お食事や廊下ですれちがう程度ですが、顔を覚えていてくれてあいさつしてくれる子もいて、親戚の子どもが久しぶりに帰ってきたみたいな気分になりました。」（高橋）

「事務所に遊びにくる子もいました。何回か林間学校に参加していた男の子たちふたりが事務所へ出たり入ったり、そわそわしているなと思っていたら、プレゼントを持ってきてくれたんです。折り紙で折ったクジラやイルカでした。『いつプレゼント渡そう』と落ち着かなかったみたい。かわいい贈り物は三省ハウスの厨房で大事に飾っています。」（飛田）

「参加者のご家族に混じってバトミントンをしていたら、気づいたら22時でびっくりしたことも。そんなふうに一緒に過ごさせて頂いたので、お母さん方からいただくお手紙に涙が出そうになることもありました。」（村山）

「越後妻有の林間学校」講義録

小学生から80代まで、幅広い層が参加した林間学校。地域も背景もまったく異なる人びとを前に、講師たち自身も手探りのなか、さまざまな工夫を凝らして語りかけた。「こういう話を小学生とできるなんて思わなかった」と講師が驚くような場面もあり、年代の違う人びとが混在することの楽しさ、子どもの意見や質問の思わぬ鋭さに、「越後妻有の林間学校」がもつ豊かな可能性が感じられる場となった。ここには、7名の講師による講義録を収録した。参加者からの質問や意見は採録していないが、実際の講義では質疑応答が活発に交わされた。

映画「はだしのゲンが伝えたいこと」の製作を通して

講師＝山上徹二郎

２０１１年８月12日　会場＝三省ハウス

山上徹二郎
映画プロデューサー。１９５４年熊本県生まれ。１９８１年青林舎入社、映画製作をはじめる。１９８６年独立してシグロを設立、代表となる。「老人と海」（１９９０年）、「まひるのほし」（１９９８年）、「映画日本国憲法」（２００５年）など80本以上の記録映画・劇映画を自主製作する。

「はだしのゲンが伝えたいこと」と中沢啓治さん

今日ご覧いただくのは『はだしのゲン』の作者、中沢啓治さんご本人の体験で、その証言を2年間追ってまとめた記録映画です。中沢さんは何度も病気をされて、この8月22日もがんの治療のために入院されるのですが、それでも少しもめげずに自分の体験を伝え続けていくことを使命としておられる。この映画は、中沢さんが実際に体験されたことと、その体験がどのようにマンガになっているか、ということを伝える作品です。監督は石田優子さんという33歳の女性で、彼女が初めてつくった映画です。

（映画上映後）この作品は、2年前から製作を続けて、今年完成したばかりのものです。この作品は32分のものですが、もう1本、78分の一般の劇場公開用の「はだしのゲンが見たヒロシマ」という作品があって、映画に協力いただいた広島の先生方や市民の方などから、ぜひ学校の授業の中で使いたいという声をもらって、小学校高学年、中学校、高校の授業用に編集した作品です。

中沢さんご自身は、6歳のときに被爆して放射線をあびました。今は72歳。とてもお元気ですが、肺がんで入院して、抗がん剤の治療をされています。中沢さんはご自身のことを包み隠さず公表されています。彼はとにかく元気で、人前では背筋をのばしてご自分の被爆体験を話します。中沢さんの体験はとても辛い話なのですが、彼の話を聞いていると、私たちも励まされて元気になる、生きる力をもらえる、そんな気がします。僕が中沢さんの映画を通して伝えたいのは、辛い体験や原爆の悲惨さ以上に、中沢啓治さんという人がどんな風に生きてきたか、その人間的な魅力なんです。

映画を通して伝えたいこと

僕がつくってきた映画は、社会的なテーマを扱ったものが多いのですが、本当に伝えたいのは「人間」のことです。たとえばこの映画では、広島の原爆のことがテーマになっています。でもテーマはそうですが、本当に伝えたいのはモチーフの方なのです。「なにを」伝えたいか、ではなく「なぜ」自分が感動したのか、「なぜ」これを伝えたいのか。映画をつくるとき、僕

◀三省ハウス体育館にスクリーンをつくって、映画を上映。

はこの「なぜ」ということを大切にしています。

中沢さんにはまだまだ長く生きていただきたいですが、現在72歳になられ、体調も思わしくないので、中沢さんがお元気なうちに証言を残しておきたいと思ってこの作品をつくりました。『はだしのゲン』については、こういう形で皆さんに公開していますが、中沢さん以外にも広島で被爆された方が高齢になり、どんどん亡くなっています。4、5年前から、そういう人たちの証言の記録を撮り続けています。長崎で被爆された方の証言も記録したいと考えています。

映画プロデューサーの仕事

自己紹介ということで僕自身の話をさせていただきます。僕は映画を製作しているプロデューサーです。なにもないところから映画をつくりはじめ、完成した映画を皆さんにお見せして、製作費を回収するところまでが僕の仕事です。映画のすべての工程に関わります。映画監督が関わるのは、プロデューサーがやる製作全体の3分の1ぐらいです。映画の製作をはじめて完成するまでが監督の仕事で、1本の映画として完成すれば監督の仕事は基本的にはそこで終わり。でもプロデューサーである僕の仕事は、マラソンにたとえると、映画の完成が折り返し地点です。

プロデューサーの最初の仕事は企画を立てること。そして映画として実現させるためのお金と人を集めることです。映画の芸術的な面を代表するのが監督だとすると、商業的な面や実務的な面を担うのがプロデューサーの仕事です。ですからこのふたりは、仲良く仕事をしているかと思いきや、実はいつも対立しているわけです。監督は、自分の伝えたいものをつくりたいですから、任せておけば時間は長くなるし、お金もたくさんかかってしまう。僕は監督と話をしながら、ある大きな器のなかにおさめていく仕事をします。僕の視点は観客の視点です。監督はつくり手で、もちろん僕もつくり手の側にいるわけですが、第一番目の観客として、どういう風につくれば分かりやすいかを監督と話しあって進めていきます。

僕がつくってきたのは、ハリウッド映画のような大勢が観る映画ではなく、監督のこだわりや芸術性を大事にした映画です。だから、監督よりも僕の方が負ける場面の方が多くて、大体監督のこだわりに譲っていきます。とても難しいことですが、自分がやりたいことを100パーセント主張するのではなく、「任せる」ことが非常に大事です。さきほどお見せした作品でも監督がこだわって、残したいシーンや入れたいシーンがたくさんありました。そのなかで、どう考えても必要ないと思うものもあるんです。必要ないと思うところは、監督と話し合って映画から削るように議論するのですが、実は、こういう映画の場合、本当に必要ないところはひとつもないんです。たとえNGでも、わかりにくい場面や必要なさそうな場面も、すべてに意味がある。わからないことやはっきりしないことは、実は必要なんです。それを切ってしまうと、映画はつまらないものになる。わからないものも映画のなかに残しておくと、結果として、優れた映画になっていく。長くこの仕事をしてきて、そんな風に思っています。

映画というのはひとりでつくるわけではなく、監督、カメラマンなどいろいろな人たちと共同作業をして一緒に関わりながらつくっていくので、常に自分のわがままだけを通すのではなく、さまざまな人の意見や主張、こだわりを引き受けていく必要がある。プロデューサーとはそういう立場だと思っています。

水俣との出会い

映画の製作を始めて、ちょうど今年で25年になります。自分で会社を始めたのは32歳のとき。僕は熊本県人吉市の出身で、昭和29年生まれですが、その年は熊本で胎児性水俣病が発生した年です。お母さんのおなかのなかで有機水銀に侵されて生まれた赤ちゃんがいた。僕はその人たちと同じ世代です。

熊本市内の高校に通っていたころ、先輩の紹介で初めて水俣へ行って、患者さんたちと出会いました。高校2年生でした。水俣病の患者さんは漁師や農家の人がほとんどで貧しかった。貧しい上に自分の身体も水俣病に侵され、家族も亡くなったりしている。ですから当時僕たちにできる手助けは、患者さんたちの暮らしを支えるためのお手伝いがほとんどでした。つまり漁業や農業の手伝いをするわけです。僕は当時高校生で、漁業や農業の経験なんてないですから、大して役に立っていなかったと思います。邪魔になったくらいでしょう。でもそういう僕たちを、患者さんたちは温かく迎えてくれました。自分が人の役に立つ、やったことを人から認められるということは、やっぱり嬉しいものです。学校で授業を受けているより、患者さんたちのところへ行く方が、ずっと元気になれるし、もらうものがたくさんあると思いました。僕は高校2年のときから、ほとんど学校に行かなくなりました。高校終了時には、学科の単位が7つ残ったままで、出席日数も足りていなかった。不思議なことに卒業だけはさせてもらいましたが、とても大学に行ける状況ではなかったので、そのまま水俣に行きました。そこで、水俣病の記録映画をつくっていた人たちに出会って、それをきっかけに映画の世界に入っていきました。

僕の高校は熊本大学の隣にありました。当時は大学闘争が盛り上がった後の時期で、１９６９年には大学闘争が峠を超えますので、僕が高校を卒業したとき、大学は瓦礫の山でなにも残っていなかった。学生もほとんどいない。そういうものを身近に見ていたので、大学へ行ってもなにかを掴める気がしなかった。でもそんな体験が、映画プロデューサーとして仕事をするなかでプラスになったと思っています。

周辺や少数の側の視線から見えてくるもの

映画は、エンターテインメントです。映画館でお金を

◀小学生から高校生の若い参加者も、熱心に話に耳を傾ける。

払って観ていただくものです。お金を取って見せるという意味では、映画は娯楽であり、エンターテインメントです。でも僕は、エンターテインメントでありながらも、映画というのは、多数派の人たちや権力を持っている人たち、そういう人たちとは常に反対の側に身を置いてつくりたいと思っています。映画は本来的に、反権力という立場を持っていなければならないと思うからです。

　では、権力の側に立った映画とはなにかというと、「プロパガンダ映画」、宣伝映画ということです。映画が宣伝映画ではない立場をとるには、常に中心に対して周辺にあること、権力に対して反権力であることが大事で、それこそが表現の本質だと思っています。これは映画だけでなく美術も詩も文学も同じ、常に世界の中心から遠い場所や少数派の側から文化が生まれている。新しい歴史をつくる力もそこから生まれてくると僕は信じています。水俣病のことも同じです。水俣病の被害者になったことで生き方が変わり、大変大きな障害を背負いながら生きていくことになる。その人たちの側からものを見たときはじめて、社会の構造や仕組みが見えてくる。そういうものの見方を、僕は高校のときに学んだような気がします。力のあるものに対して、そうではない側からものを見ていくこと、それを大事にして映画をつくってきました。

バリアフリー映画と動画の可能性

　映画は、まだ１１５年の歴史しかないので、今僕たちが映画だと思っているものは、あと30年、50年経てば大きく形を変えていくでしょう。今、新しいことを始めようと取り組んでいることがふたつあります。ひとつは、バリアフリー映画。これは目の見えない人や耳の聞こえない人のために、副音声をつけたり字幕をつけたりする映画で、日本語字幕をつけて映画を観やすくしたり、副音声や音声ガイドをつけます。障害のある人たちのため、というのが出発点でしたが、いずれ僕たちも年をとれば、目や耳が不自由になるわけですから、実は誰もがバリアフリー映画を必要とする可能性がある。このバリアフリー映画が、映画の未来を担っているのではないかと最近思うようになりました。特に副音声は、もうひとつ新しい音を加えることで、映画の音響を立体的にすることができるんです。バリアフリー映画は、これからの映画の方向性を指し示しているのではないかと思っています。

　もうひとつは動画。ネット上に溢れているYouTubeやニコニコ動画といったものです。東日本大震災のとき、津波の状況をいち早く伝えたのは、プロの撮影者ではなく、一般の人が動画投稿サイトにアップした映像でした。そういうところに映像の未来があって、そこから新しい映画が生まれてくるのではないかと思っています。映画の場合、大きなテーマがあって、そこから映画をつくるという発想になりますが、動画の場合はテーマなんていらないんです。自分が見たものを誰かに伝えたい、あるいはちょっと記録しておきたいというところから始まる。入り口はテーマではなく、最初にお話した〈モチーフ〉です。撮りたいという気持ちに素直に向き合えば、そこから動画が生まれ、あとは動画に手を加えていけばいい。たとえば5分、あるいは10分にまとめて編集、構成していくことによって作品になる。作品化することで、動画は新しい映画を切り開いていくことになると思っています。

今は、日本映画だけで年間４００本もつくられている時代です。しかしそのなかで、皆さんが知っているタイトルは10本もないでしょう。これまでの映画だけにこだわっていると映像が開かれていかないと僕は思う。新しい動画を模索するなかから、新しい表現が出てくると思うし、映画の可能性も開かれていくと思います。動画は、ネットに公開することで世界中の人と瞬時につながることができる。そこから新しい表現、新しい世界が生まれてくるだろうと思います。僕はそういうものをつくっていくお手伝いができたらいいと思っています。

映画をつくる動機

僕の映画をつくる動機はふたつ。自分がすごく怒りを感じたり、腹が立ったりしたときと、もうひとつは逆に、自分がいいと思ったことをみんなに伝えたいとき。僕がいちばん大事にしているのは、なにかをしようとするときにその考えが開かれているか、閉じようとしていないか、それを常に考えることです。たとえば友だちとケンカして、もう二度と会いたくない、一緒に仕事したくないと思う。そういうときに、自分から連絡するのは自分を開くということだと思います。そこで閉じてしまったら、もう二度と会わないかもしれないし、関係が切れてしまうかもしれない。常に自分を開くということが、映画をつくるうえでも原点になっています。

今日観ていただいた作品のなかで、原爆投下前の広島の写真と投下直後の写真をオーバーラップさせて見せている場面があります。アメリカ軍が撮影したものです。この2枚は完璧にオーバーラップします。つまり、アメリカ軍はもともと、あの写真を同じ場所、同じ高さから撮っていたわけです。彼らは、なにが起こるかわかっていて、原爆を落とす前に写真を撮り、落とした後にも撮った。全く寸分たりとも違わない写真です。みなさんは気づかなかったかもしれないけれど、単純に2枚の写真をオーバーラップさせただけで写真がぴったり重なるんです。実はアメリカ軍はそういう記録を撮っていた。そういうことに対して、僕は非常に強い怒りを感じます。でも怒りと同時に、僕が伝えたかったことは、72歳になった今も語り続けている中沢啓治さんという人への愛情です。映画をつくるときに原点となるのはいつもそういうことだし、その感覚、感情を大事にしています。

映画の未来を考える

僕のつくった映画にも動画のようなドキュメンタ

◀参加者から活発に飛び交う質問に、山上さんはひとつひとつに丁寧に答える。

リーがあります。「花はどこへ行った」という映画は、坂田雅子さんという60歳を超えた女性が、初めて自分でカメラをまわしてつくった映画です。坂田さんの旦那さんはアメリカの報道写真家でした。彼はベトナム戦争の兵役経験があった。そして数年前、彼は肝臓がんで亡くなりました。ベトナム戦争での枯れ葉剤が原因で肝臓がんになったそうです。彼女は枯葉剤についてそんなに関心があったわけではありませんが、それまで仲良く暮らしてきた旦那さんが、入院してたったの2週間で亡くなってしまい、どうしようもない喪失感を埋めるために、身の回りのものから撮りはじめるんです。なぜ彼はがんで亡くならなければならなかったのか。自分で調べて納得したくてアメリカに渡り、彼の友人だった元米兵や、ベトナムで枯葉剤の被害にあった人たちと出会っていく。そこで、枯葉剤の被害を受けた子どもをもつ、貧しい人たちにも出会って、いまもなおその障害のある子を中心に暮らす愛情溢れる家族のあり方に彼女は感動します。撮りはじめた当初の目的はとてもプライベートなものでしたが、結果として、すごくいい作品ができました。

その作品のつくられ方は、僕から見るとむしろ動画に近い。もし製作当時に動画が普及していたら、彼女はネット上に動画として配信していったかもしれないと思います。それに、短い時間で人になにかを伝えるということは、非常にテクニックのいることです。そこからいろんな才能が出てくると思います。

でもネットで映像を流すときには、もうひとつ、肖像権や著作権の侵害という問題があります。これは非常に大切な問題です。ネット上に溢れている情報がどのくらい正確なのかあるいは歪められた情報なのかよくわからない状態で、人を貶めるような映像がどんどん出てきています。だからといって、ネットを規制して悪いものを排除していくようになったら終わりです。ネットというのは、誰でも参加できて、なによりも自由であることが保証されていないと意味がない。いろいろな規制をかけて悪いものを排除していくという考え方には、僕は絶対反対だし、やってはいけない。あとは見る側の問題で、ネットにアクセスして見る人間が、ものを見る力を身につけることが大事なんです。そういう力を身につけるには、自分がつくり手の側に立ってみるのが一番です。自分で動画をつくってみると、溢れている情報を見抜く力が自然と身についていきますよ。「どうもおかしいな」と思う感覚はものすごく大事。僕が動画に期待しているのは、そういう部分でもあるんです。

動画の未来は、自分たちの新しいモラルやルールを、今のうちにネット上に築いていくことができるかどうかにかかっていると思います。それができなければ、残念ながらネットの広がりというのはいつか閉じていくでしょう。これは、僕たちに課せられた課題です。これから若い人たちが、真剣に向き合っていかなくてはならないことだと思います。

違うからおもしろい、違わないから素晴らしい

講師＝宮本亜門

2011年8月13日　会場＝まつだい「農舞台」

宮本亜門
1958年東京都生まれ。演出家。KAAT神奈川芸術劇場初代芸術監督（2010年より）。ミュージカルのみならず、ストレートプレイ、オペラ等、現在最も注目される演出家として、活動の場を国内外へ広げている。

みなさんこんにちは宮本亜門です。僕は、舞台の演出家を生業にしています。でも、今日は演出した舞台の話はあえてしません。僕は、今は多くの友人を持って、多くの人たちと仕事をして楽しんでいますが、実はみなさんと同じような年頃の子どもの頃は、とても暗〜い、引きこもった子どもだったんです。なにが起こったかって？　それを、これからみなさんにお話ししたいです。僕の人生はどう始まり、どうしてこう変わったのか、「違いがわかる男」が話す（笑）、「違うからおもしろい、違わないから素晴らしい」、どうぞお付き合いください。

母から学んだ踊り・舞台の魅力

僕の両親は駆け落ちして結婚しました。母はフグ料理屋の女将で、ある日、父がその料理屋に行ったとき、なんとふたりは一目惚れをしてしまったんです。母は父より12歳年上、恋愛に年の差ってないんですね。なんとその日から父は家に帰らず、ついには会社も休む始末。おじいちゃんは怒って「こんな息子は勘当だ！」と怒鳴りました。その数年後、僕が産まれたんです（笑）。

母は小料理屋の女将をする前、ダンサーをしていたことがあります。でも貧しくて生活ができず、少しの期間のみで生涯の夢を諦めざるをえませんでした。でも、舞台に立って踊る思いを捨て切れず、よく僕の前でもダンスして見せてくれたものです。今思うと、あまりうまくはなかったです（笑）。でも気持ちが詰まっている素敵な踊りでした。

そんな母と父は、駆け落ちの後にふたりで喫茶店を始めました、それも劇場の真ん前で。なぜ母がそこを選んだかわかりますよね。毎日お芝居を見たり、自分が叶えられなかった夢を役者さんたちに託して、応援をしたかったからです。だから母は、生まれたての僕が泣きそうになると、劇場に連れて行きました。なぜか劇場に入ると僕は泣きやんだそうで、僕は生まれたときから、毎日お芝居を見るようになっていました。それが僕にとっての普通の生活だったのです。

そんな僕ですから母に負けず、踊りやお芝居が好きになりました。あれは幼稚園ぐらいの頃です。「連獅子」

◀まつだい「農舞台」のピロティには、宮本さんの講座を聞きに大勢が集まった。最年少は六歳の女の子。

という歌舞伎のお芝居を見ました。真っ赤な長いたてがみを、ぐるぐる回して踊る子獅子と、真っ白な髪の毛を雄々しく振りあげる親獅子の、素晴らしい踊りを観たときでした。その美しくも気合いに満ちたすさまじい競演を見て、鳥肌が全身に立ったのを覚えています。そのストーリーは、親獅子が子獅子を強く育てたいがゆえに、あえて崖から突き落とし子獅子が崖を力強く上がってくる様を愛情を持って見守るというものでした。その様が真剣勝負で、実際の親子の歌舞伎役者によって演じられるので、観客もますます大興奮。もちろん、劇場中の観客は拍手喝采。それはまさに幼い僕にとって演技とかいうものではなく、全身全霊をかけた真剣な役者たちの姿だったのです。また、そこに母の生解説が耳元に入ってきます。「今よ、ほら突き落とされたの！」「頑張って、もう少しで崖を登れるわ！」と子獅子を応援。舞台では実際に崖がつくってあるわけではないのですが、踊りと母の解説でまるで映画を見ているような想像力を僕も掻立てて、まさに手に汗握る興奮へとつながっていくのです。さあ、そんな僕は次の日、学校から家に帰ってなにをしたか。昨夜観た子獅子を思い出して、真似をしたいと思い、部屋にあった赤いハタキの竹の棒を、襟から背中に差し込み、頭の上からハタキの先の赤い布部分を前にたらして、ホコリを立てながら頭を振り回していたのです。その頃です、ちょうど母が帰ってきたのは！「あなたなにやってるの!?」怒られた僕は正座をさせられ、なにをしたかったか話すことになりました。夕暮れ過ぎの暗い部屋で、独りでハタキを背中に入れて興奮している僕を見てさすがに母も心配したようです。そして僕は「どうしても踊りたかったんだ」と告白しました。踊っていたときは、まるで観客が前にいて拍手したり喜んだりする姿を思い浮かべていたのだと。母は少し沈黙したあと、こう言いました。「本当に踊りたいなら、踊りのお稽古に連れて行くわ。でも、やるならしっかりやってね。」そして1週間後、踊りの稽古場に行き、僕はドキドキワクワクしながら稽古場に通うようになりました。それが歌舞伎の藤間御宗家の家元の稽古場でした。おふくろも頑張ったと今にして思います。そこには現・勘三郎さんら素晴らしい役者さんが勢揃いしていました。それから、僕も稽古に励み、やっと歌舞伎座の舞台での発表会に出られるようになったときです。客席の前列に座っていたお客さんをたまたま僕が舞台上から見てしまった。なんと僕らの踊りを見ずにお弁当を食べていたのです。そこでふと、僕の視線に気づいたそのおばさんは、僕を見て、箸で僕を差しながら大笑いをしたのです。僕は自分が間違えたのかと急に不安になり大混乱。それから急に涙が出てきて、舞台の袖に逃げ込んでしまいました。すると母が「どうしたの」と駆け寄ってきて、僕は「もう舞台には出られない！」と宣言したのです。今思っても、どうも僕は舞台の上に立つのが向いていなかったようです。変に周りの目を意識しすぎてしまうのでしょうか。

▶幼稚園の頃の写真

そして翌日、幼稚園で人から見たら些細な、しかし僕には決定的になる事件が起きます。それは題して「おしろい事件」。幼稚園の砂場で遊んでいた僕に、普段は仲が良い子が大声で「見て！　宮本君の首におしろいがついてる！」と叫んだのです。前日の舞台で化粧したおしろいがうなじに少し残っていたんですね。そのうち、次々とクラス中の子どもが集まってきて「わ〜気持ち悪い、男なのにおしろいだ！」「女、女！」「変なの！」と騒ぎ立てました。僕が「昨日、舞台で踊ったから」と言ったら、今度は蜂の巣をつついたかのように「踊り!?　男が踊り、気持ちわる〜い！」と大合唱になったのです。僕が好きなこと、それは友人たちには、気持ち悪いことだったのです。

　それから、僕は舞台に立つどころか、悩んで稽古場にも行けなくなり、踊るのをやめました。でも大好きな舞台を見ることはやめませんでした。特に母と一緒にコーヒーの出前で楽屋へ行くときは楽しみでしかたかなったです。舞台の裏で、役者さんが衣装を着て、化粧をし、役になりきって出て行く様は驚きでした。舞台に出る前の役者さんはみんな普通に見える人でした。でも、準備をして変化していく様は、ただ外見だけでなく、気合いも入り見事に人が変わって近寄りがたいほど素敵に見えていくのです。またそんなすごい役者さんも、暇なとき、うちの喫茶店に来て、相談に乗るのが好きな母によく悩みを打ち明けていました。「あそこの台詞、大丈夫かな」「お客さん喜んでくれているかな？」舞台の上では堂々としている役者も、本当は気が弱くてドキドキしている。そう思うとなんだか勇気づけられているような気にもなりました。人に会うのがだんだん怖くなって来た僕には、みんなが同じように緊張していることを知りました。そして舞台の上では、正に命をかけて演じているのだと。そのうち自然に僕は母のように、そういう人たちを裏で支えることはできないかと思うようになったわけです。

学校になじめなかった少年時代

　では、学校での僕はどうだったか。「踊ることが気持ち悪い」と言われ傷ついた僕は、それから絶対、学校で自分の好きなことを言いませんでした。そのうち、学校では、どんどん暗い子になっていき、人と喋ることが少なくなっていきました。それが高じて、自分自身もネガティブな暗い気持ちで一杯になり、小学校に入って好きになったのは茶道、そして中学では、誰ともしゃべる必要がない趣味、仏像鑑賞となったのです。お寺にひとりで行って誰とも話さず、ず〜っと仏像を見ている。ある日、友だちに思いきって打ち明けたことがあります。「僕……好きなことがあるんだ。」「なんだい？」「……仏像。」「お前、おじいちゃんか！　盆栽も好きだろ」と笑われ、会話はこれで終り。それ以来、仏像のことは友だちとは話していません。そして高校では、学校に行くのがいやになり、ある日、両親に、「どうしても学校に行きたくない」と

◀参加者との対話を交えて、楽しそうに話す宮本さん。

言ったのです。母は「わかったわ。今日は休みなさい。でも明日から行くのよ」と言ってくれました。でも次の日から僕は部屋に鍵をかけてこもってしまいました。引きこもりです。それから1年間弱、学校には行かず、内側から鍵がかかる窓がない4畳半で過ごすようになります。引きこもりには最適の部屋でしょ(笑)。テレビもなにもない部屋、あったのはレコードが10枚くらい。クラシック音楽、ミュージカル、そしてあとは井上陽水。歌詞の「都会では自殺する～」を聞いて何度も自殺しよう、自殺しようと考えていました(笑)。お手洗いとお風呂以外は自分の部屋にこもり、食事も自室。でも、その部屋で興奮したこともあります、それは踊ること。どんな音楽でもいいんです。曲に乗ってただジャンプして、体をひねって、汗をかいて、無心にグルグル回ったりしていました。外ではこもった部屋の物音に両親がとても心配していたようです。「部屋でバタバタしたと思ったら、ほら、汗かいて出てきたわよ」って(笑)。

実はその経験あって、僕は演出家になれたのだと思っています。というのも、音楽の中に身を投じて、全身で感じ、壮大な想像力を毎日働かせていたからです。頭の中にはまるで、花火みたいにパパパッ！　とはじけて、あらゆる色や、造形が飛び散って、最後は花火を越えるほどの壮大な世界が展開するんです。また繊細な曲では、これ以上美しい世界はないと思うほどの自然、川、山並み、夕日を想像し、涙しました。

この感動を誰かに伝えたい、この頭のなかのイメージをどうにか人に伝えることはできないか。そう思ったのが、今思うと演出家になりたいと思った始まりだったのです。だから、他の方には当てはまるとは限りませんが、僕にとってこの時期の引きこもりは、とても大切な経験でした。なんとか人に伝えたい、という気持ちが演出家に繋がったのですから。

事件をきっかけに外へ

では、どうやってその1年弱の引きこもりから外に出られたのか。またある事件が起こりました。あれは引きこもって10カ月が経った頃でしょうか、部屋の外で母の声がしたのです。まるで鳥の首を絞めたような「助けてー！」という絶叫でした。さすがの僕も鍵を開け、居間の方に向かうと、父が泥酔していて母の首もとを掴んでいるではありませんか。僕はびっくりして父を両腕で止めました。すると父は僕をにらみつけ「お前が学校行かないからだろ！」と今度は僕に襲いかかってきたのです。僕は思わず父を強く押しました。酔っていた父はフラフラッと倒れ、囲碁の台の角に頭をゴーンと大きな音をたててぶつかったのです。さあ、大変！　頭から血を流して父は起き上がったと思うと、なんと宮本家の家宝、日本刀をタンスから取り出して「この野郎！」と僕を追いかけてきました。僕は必死にトイレへ逃げ込み、父はトイレの隙間からその日本刀をピシ、ピシと差し込んできたのです。しまいには強く差し込んだ日本刀がつっかえてしまい動かなくなって、グイグイと動かしてるうちに先がカーンと音をたてて欠けました（笑）。次はホースを蛇口につないで水攻め。水がダーッと入ってきた。でも20分ぐらい経った後でしょうか、外から父のイビキが聞こえてきたのです。母が静かにささやく声が聞こえました。「お父さん酔っぱらって寝たから、もう出てきて大丈夫よ。」トイレの扉を開けると、もう家の中はメチャクチャ。食卓はひっくり返り、食器も割れていました。母はここにいては危ないと、外にあるビルとビルに囲まれた小さな公園に僕を連れ出したのです。その小さな一つしかないベンチに、母とふたりで座りました。大きくため息をついたあと母は「あなた、どうして学校に行かないの」とぐったりした声で聞きました。僕は「……僕もわからないよ、でも行けないんだよ。苦しいよ」と答えました。するとおふくろは「じゃあ学校行かなくていいから約束してほしいの」と言うのです。まさか学校に行かなくていいなどという選択があるのかと僕は驚き「いいよ、約束するよ」と言うと、母は「病院へ行って」と（笑）。

実は慶應ボーイの親父の夢は、僕を慶應義塾大学に入れることでした。そして翌日、親父の夢を叶えました。僕は慶應大学病院の精神科に行ったのです（笑）。とうとう精神病です。僕はもう社会ではやっていけないと思いました。ところが、精神科の先生がとても気さくな方でニコニコして「いらっしゃーい」と言う明るい方でした。それから「どうして学校に行きたくないの？」と気さくに聞いてくれ、「ん～制服も着る意味がわからないし……」と言うと「へえ、おもしろいね」って楽しそうにするんです。正直、拍子抜けしたほどです。これが慶應の医師かって。それからも先生は、「おもしろいね」しか言わず、僕が話すと「そんな考え方もあるんだ、君はおもしろいね」って感心して相づちを打ち、1時間ぐらい話したら、「宮本君、話がおもしろいから明日もいらっしゃい」と明るく送り出してくれました。それで僕もなんか楽しくなってきて1週間通っちゃいました（笑）。1週間後に、その先生が呼んだインターンたちに向かって「なんでも聞いてください」と僕は聖徳太子の気分になるほど、元気になっていたんです。

それでも、やはり僕は学校に行くのが怖かった。2日間くらい悩んだ末にまずは少し顔だけでも出しに行ってみようと決めて、思いきって登校したら、自分が想像していたのとはまったく違って、誰も僕のことなんて全然気にしていなかったのです。1年もいなかったから、僕の名前も覚えてない人も多く、きっとああ言われるとか、こう言われるなんてことはなく、心配していたのは僕だけだったのを知りました。人は自分のことで忙しい。そんな人のことを思い続ける人はいない。思ってくれていたのは両親だけだったんですね。そこでます両親の愛情を深く知ったわけです。

◀ミュージカル「ヘアー」のときの写真。母が亡くなった頃のもの。

母からの「バトンタッチ」

引きこもりから脱して僕は演劇部に3年から入るようになり、大学も演劇専攻に進みました。まだ僕は人と喋るのが下手でしたが、人と共同して考える面白さは演劇を通して知ったのだと思います。それからオーディションを受け、もっと世間の荒波にもまれようと、大学を中退し数々の舞台に出るようになります。それも、あの引きこもりのときに感じた「いつか頭のなかのイメージをどうにか人に伝えることはできないか」という演出家への夢を抱きながら。そしてミュージカル「ヘアー」に出演しました。この作品はベトナム戦争反対をテーマにしたもので名曲「アクエリアス」など宇宙を感じようという素晴らしい音楽が入ったミュージカルでした。

「ヘアー」の最終リハーサルが終わって、翌日が本番初日という日。みんなと劇場で別れて、ひとりで下宿していたアパートに夜の零時ぐらいに帰ったときです。なぜか鍵が開いていたのです。ドロボウ!? と不信に思い、ドアを開けると玄関には母のサンダル。なんだ、母が来てたのかと安心し「おかあさーん」と呼びました。でも返事がない。ただ水の音が聞こえているだけ。それは浴室の方から聞こえてきました。その浴室で、母はぐったり倒れていたのです。水がジャージャー出っぱなしになって。母は意識がないまま、僕の下着を手に持って、洗濯している姿のままびしょ濡れでした。僕はすぐに救急車を呼びました。母はその後も病院でも意識がないまま、結局一言も言葉を発せず目も開けず、朝の五時に亡くなりました。昨日まで僕が出る舞台の初日を楽しみにしていて、すごく元気だったのに……。

母が亡くなった朝、病院の窓の外から見える空は、真っ青で美しい、雲ひとつない空でした。とても辛かった。なにがなんだかわからないやり切れない気持ちで一杯でした。でも、舞台はその日の夜に開演します。僕は劇場に行き、開演前に、両親がチケットを買っていた中央の席にバラの花束をおいて準備をし、本番がはじまってからも、堂々と舞台でニッコリ笑い、明るく元気にダンスを踊り、大声で歌いました。母が愛していた舞台を、僕は亡くなった母に精一杯見せたかったから。そして、それが僕の新たなスタートになったのです。

人が亡くなることは辛い。でも僕は、母から強くバトンタッチされたんだ、と思いました。一方、弱いのは父でした。普段の父はお酒が大好きで、強気な人だった。なのに、母が亡くなってから突然、しゅんとして、全然口をきかなくなってしまったのです。一緒に食事をしても「お父さん!」って話しかけても、力なくただ無言でなにかを考えている。きっと母との想い出と、自分がもっとしてあげられたのにという罪悪感に苛まれていたのだと思います。しまいには、お箸で食べ物を口まで運んであげないといけないくらいになってしまって、父も死んじゃうかもしれないと思いました。だって僕と父は交代で、母が死んだときに着ていたスカートを枕にして、母の残り香を嗅いでいたのですから。まさに生き

▶講座の第二部では、「あかずきん」の物語を題材に、登場人物をどうとらえるかのワークショップも開催。参加者からも多彩な「あかずきん」像が飛び出す。

ることを諦めた親子のようでした。

でも1、2カ月が経った頃、ふっと母が僕に言っていたことを思い出したんです。「ニューヨークにブロードウェーというところがあって、世界中から才能ある人たちが来て、しのぎを削って頑張っているらしいわ。この世界で真剣に頑張りたいならいつかそこに行きなさい」と言っていたのを。そして翌日、無我夢中でチケットを買い、1週間後、ニューヨークに行くことを決めました。出発の日、親父は僕を車で、空港まで送ってくれました。そしていよいよ搭乗の時間、僕が「お父さん、じゃ行ってくるよ」と言うと、下を向いていた父が、ふっと顔を上げ僕を見つめました。親子がはじめてちゃんと目を見合った瞬間でした。僕には驚くほど、親父が小さく見えました。偉そうだと思っていた親父が、疲労と孤独で小さくなり、なんとも愛おしく思えてきて、キューと抱きしめたくなったのです。すると同じように父も思ったらしく、ふたりは駆け寄って、強くハグしました。

それから、ニューヨークに行って、舞台をたくさん見て、ミュージカルをやることは恥ずかしくない、これも大の大人が真剣にできる職業だと思うようになりました。そしていつのまにか「違いがわかる男」としてコーヒーを飲むようになったのです（笑）。

役者さんたちと仕事をしますが、今でも演出をしながら毎日ドキドキしています。知らない人との仕事はスリリングですが、でも実におもしろい。役者さんも、素敵な人間たちです。全員違っていて、その個性、違いがおもしろい。こんな変わった環境、生き方をした僕でさえ、こうして楽しく生きていられるんですから。それに、日本だけでなく、世界を知れば知るほどおもしろいです。顔も違うし、考え方も違う、好き嫌いも違う、だから地球はカラフルで素晴らしいと。

違うからこそおもしろい

僕は沖縄に住んでもう14年が経ちました。沖縄で嬉しいのは、すべてにお祈りをしたくなることです。岩、空、土、海、すべてにありがとうと。こうして生かしてもらっていることに心から感謝をするのです。沖縄には御嶽《うたき》というお祈りをする場所がありますが、そこは原始のまま、自然のままの場所です。一見なにもないただの自然、だけどそこにはいろいろなものが詰まってます。壮大な自然には、温かい人間を包む母性もあることを僕は沖縄で教わりました。沖縄に行って、自分で土地は買いましたが、ある画家の方からこう言われました。「亜門さん、自分の土地を買ったと思っちゃダメだよ。ここは地球からお借りしているんだ。僕たちは偶然こうして今、生きてるけど、すべては地球からお借りして使わせてもらってるんだ。だから大切に使おうね」と。

人はみんな、見た目も、考え方も違う。だけど人って素晴らしくて、とてもおもしろい。いろいろな人と出会いながら、僕がやっとわかってきたことです。

科学ってなに？　宇宙ってなに？

講師＝池内了

2011年8月21日　会場＝まつだい郷土資料館

池内了
宇宙物理学者。理学博士。1944年兵庫県生まれ。2003年より越後松之山「森の学校」キョロロの顧問を務める。2006年より総合研究大学院大学・学融合推進センター長。『科学の落とし穴』（晶文社）、『私のエネルギー論』、『疑似科学入門』（岩波新書）、『娘と話す科学ってなに？』、『娘と話す宇宙ってなに？』、『娘と話す原発ってなに？』（現代企画室）ほか著書多数。

おはようございます。僕は普段、大学院の学生を教えていまして、君たちのような生徒と話す機会はあまりないのですが、今日は楽しく対話しながら科学や宇宙について考えていきたいと思います。

「なぜ」からはじまる科学

僕も3月11日の震災と津波はすごくショックでした。僕は一応科学者です。科学のいろいろな問題を議論したりしていますが、今回の地震・津波・原発事故で、「科学って、なんなの？」とみなさんも思われたでしょう。今の科学では、地震がいつ起こるかなんてまったく予言できないし、あれだけの大津波を防ぐこともできないのです。そして、現代の科学の粋を集めているはずの原発で、あんな事故が起こった。「科学って、なんの役に立つの？」、「科学なんて、もういいわ」と思っている人もいるかもしれません。

科学ってなんだろう。たとえば地震。地震はいつ来るの？　どこで起こるの？　どのくらいの規模？　というのを地震の予知といいますが、地震の予知はできないのです。あの大きな津波で、もはや簡単な防潮堤では意味がなく、止めることなんてとてもできなかった。いくら科学が進歩しても限界があるのです。自然はそれを上回る力をもっている。

科学とは、学校の授業でいうと理科のことを指します。子どもたちは、本当は理科がいちばん好きです。だって、自然と触れ合えるし、いろいろな仕組みがわかってくるからです。そのとき、わからないことや不思議だと思うこと、「なぜ」と考えることが科学の第一歩です。「なぜ」は、いくらでもあります。たとえば、この雨のなか、セミが鳴いていますね。なぜ鳴くのでしょう。セミは土のなかに6、7年いて、地上に出てから一生懸命鳴いて、1週間で死んでしまう。なぜなんだろう。

そんな事柄はいくらでもあります。なぜ花は決まった時期に咲くんだろう。朝顔は夏に咲くものだとみんな思っているけれど、早い夏には咲かない。じつは朝顔は、夜の時間が10時間を超すようになってから咲きはじめるのです。だから本当は秋の花に近い。不思

▶まつだい郷土資料館にて。子どもから大人まで、幅広い年齢層の参加者に池内さんはやわらかく語りかける。

議ですよね。脳みそや神経があるわけではないのに、ちゃんと時間を測っているのです。夏のピークを過ぎると、昼間がだんだん短くなり、夜が長くなる。朝顔が咲くサイクルは、昼間の長さで決まっていると思われていました。ところが、それをきちんと研究した人がいるのです。その結果、夜が10時間を超えると咲くことがわかりました。

あるいは、太陽はいつから輝いていたの？　いつまで輝くの？　これは私の専門の宇宙のことですが、私たちは太陽があるから生きていられます。太陽のエネルギーでいろいろな植物、米や麦ができて、それを食べて私たちは生きています。太陽が輝かなくなると、地球上のすべての命はなくなってしまう。太陽はいつから輝いていたの？　というのは、いつから命があったの？　ということにもつながります。太陽は、大体１００億年輝くだろうということがわかっています。今まで46億年が経っていますから、ほぼ半分ですね。

もっと身近なことでいえば、携帯電話はどうしてつながるの？　あんな小さな箱なのに、近くの人とも遠くの人ともつながって話ができる。アニメーションや音楽も送れるし、写真も撮れる。当たり前のように思っていることも、考えてみると不思議でしょう。

今回のことでいうと、地震はどうして起こるの？　ということ。地面が揺れるからなのですが、なぜ揺れるのかという疑問がありますね。地震の本格的な研究が始まってから１００年以上経っています。今から50年ほど前くらいから、ものすごくお金をかけて地震の研究をしてきました。２０００億円以上かけてきたのです。それでも地震がどこで起きるか、何月何日の何時に起こるか、どのくらいの規模で起こるか、この３つのことを言えないと、地震を本当の意味で明らかにしたことにはならないですよね。地震のこういう研究は、これから数十年かかると思います。おそらく君たちがこれから研究、チャレンジしていく問題です。

そして、原発の事故はなぜ起こったの？　ということ。原発は、１基で３０００億円くらいの莫大なお金をかけて、近代的なさまざまなものを備えてつくっているのにこのような事故が起きた。今度の問題は、原子力の専門家が「なぜ」失敗したか、ということをきちんと考えることが重要だと思います。

役に立たない知識

「朝顔はなぜ、今頃咲くの？」ということを知っていても、なにも役に立たないように思うかもしれない。役に立たない知識というのはいっぱいありますね。しかし、それが役に立つこともある。たとえば、携帯の仕組みを知っていれば、動かなくなったときに、ここをこうさわれば直る、と考えることができる。困ったときに直接役に立つ。そして、これまではうまくいっていたやり方がうまくいかなかったとき、「次はこうしたらいい」と、先のことや未来のことに対して、考える目安のようなものが見えてきます。そ

◀休憩時間をはさんで、それぞれが思う「宇宙の姿」を参加者が思い思いに描き、発表する場面もあった。

れを持つことで、次のステップに自信を持って進むことができる。

そして、これは大事なことですが、科学の知識は「知っているだけで楽しい」ということ。朝顔のこともそうだし、桜のことだって知っていたら楽しいよ。桜は春、4月に咲くけれど、時々、狂い咲きすることがあるでしょう。2月などに、春が来たと勘違いして咲く。冬のさなかの寒いとき、ある日から3日間くらい暖かくなってまた寒くなる、そのときに「ああ、春が来たなあ」と間違って咲く。桜だけでなく、いろいろな花が自分の咲く季節を知っているのです。

科学から、すべてのつながりが見えてくる

花が咲いて、青虫が出てきて、柔らかい葉っぱを食べる。その虫を鳥が食べる。鳥は一羽の子どもに対して、一日に虫を何匹あげると思う？　双眼鏡で観察して、ずーっと数えていた人がいるんですよ。なんと、1羽の子どもに対して50匹。ひとつの巣に6羽子どもがいるとすると、３００匹です。両親も合わせて、ひとつの巣で５００匹の青虫を食べている。すごいでしょう。どのツバメの巣も、同じように５００匹食べている。逆に、もしツバメが青虫を食べなかったら、どうでしょうか。虫だらけになっちゃうよね。そこがうまい関係になっていて、虫だらけにならない環境が保たれている。こうして、いろいろなつながりがわかってくる。すると、物事はいろいろなことが関連しているのだからもう少し他のことを考えてみようとか、他とのつながりを考えてみようとか、そういう風に考えられるようになる。役に立たないと思うときは、すぐに忘れてしまうものです。たしかに、さっきのツバメの話を知ってても仕方のないことかもしれない。でもそうでないと、野原が虫だらけになってしまうということがわかると、知ってても仕方のないことでもないなあ、ということがわかってくる。

なにも今勉強しなくても、肝心なときに勉強すればいい、と思うこともあるかもしれません。大人のみなさんは、よくこんなセリフを言うよね。「もっと子どもの頃、勉強しておけばよかった。」大人になってから、そういうことを思い出して、大事なことだったと気付くのです。なくなってはじめて大切さがわかるのと同じで、思い出すと大事だとわかったりする。でも、後で「もっと勉強しておけばよかった」って思ってもいいんですよ。そのときにまた勉強すればいいのですから。

知っていても仕方ないと思うことでも、いろいろなつながりがわかってくると、世のなかのさまざまな仕組みが、素晴らしい！　と思うようになります。

水を凍らせて氷にするとどうなる？　軽くなって浮くよね。逆のことを考えてみたらどうだろう。もし水が氷になって重くなったらどうなるか。沈みますよね。じつは、ほとんどの物質は、固体になると沈んでいきます。水は例外なんです。湖や池も冬は凍りますね。氷は軽いから水の表面にある。でも重かったら、

▶オリオン星雲。このなかで、赤ちゃん星が生まれ始める。（写真＝国立天文台、すばる望遠鏡で撮影）

湖の底に氷がたまっていきます。そうすると、池や湖に生きている魚たちはどうなるでしょう。池や湖には魚がいて冬を越す。なぜ冬を越せるのかというと、水面は凍っても底のほうは水のままだからです。ところが、氷がどんどん沈んでいったら、魚は生きていけない。南極や北極は冬になると凍る。でも氷が底に沈むと、海の底から冷えてしまって、おそらく地球上に生命は一切生まれなかったと思います。地球上の生命というのは、海のなかから生まれたものがほとんどですから。「水が凍ると浮く」という簡単なことでも、地球上の生命と関連しているんです。わかってくるとすごいと思わない？　みんなつながっているんですよ。

小学校時代にみんな理科が好きなのは、たぶん、いろいろなことがつながっていそうだと、なんとなく心のなかで感じているからではないかな。それが中学、高校と進むに従って、バラバラにさせられちゃうから、なかなか「好き」が継続できない。

私たちの現在、未来を含めて、科学によって生きていける側面がたくさんある。科学が生きていくための力になっている場面がある。たとえば薬、あるいは携帯電話。あらゆることに科学の力が生きている。だから、もはや科学と縁を切って生きていくことはできない。科学のことを少しでも知っている、あるいは毛嫌いしないことが、これからの世の中、ものすごく大事です。それによって、たとえば今回の原発事故でなにが起こったのか、どこがけしからんのかを見抜くことができる。見抜いて怒る。そしてこういう風にしろ、と言える。それが見抜けないと、なぜ悪いのか、言えないでしょう。科学や理科と身近でいることは、私たちが本当のことを見抜いていく手助けになると思います。

私たちは宇宙の子ども

私の専門は宇宙物理学です。では、宇宙って、どこのことでしょう？　宇宙には水金地火木土天海と、8つの惑星があります。それが私たちの太陽系と呼ばれている。それよりもっと遠くに星が広がり、銀河系というものがある。太陽系をクローズアップすると、非常にたくさんの天体が太陽系の外にズラーッと並んでいることがわかってきました。太陽系のまわりには数千個の、惑星になりかかっている星があります。それが、最近になって見えてきました。

オリオン座を見ましょう。ここは星が生まれているところなんです。真ん中に黄色い点があって、外が白く輝いているのは赤ちゃん星です。星が生まれている現場そのものが、時間の系列として見えています。星というものは、ひとつだけポツンと生まれるわけではなく、100個ぐらいの集団で生まれます。

天の川のなかには、星と、星になる前の雲がありま す。この雲のなかでどうやら星が生まれ始めているらしい。雲から赤ちゃん星ができて、さらにそれが輝くようになっていく。もっともっと激しく輝くようになると「星雲」といわれる。ものすごい広い領域を温め

◀50億年後、太陽はこんな様子になる。

ていきます。そして、重たい星が死ぬと、大爆発を起こします。星は大爆発を起こして、バラバラになって吹き飛んでいきます。このガスが周りのガスと混ざり合って、再び雲に戻る。雲から星が生まれ、その星が進化して、また大爆発して雲に戻る、そういう繰り返しが行なわれています。循環しているのです。1回循環するのに1億年くらいかかります。太陽系が生まれるまでに銀河は100億年くらい経っていますから、100回ぶんくらい循環してきました。大事なことは、星のなかで核融合という原子核同士がくっつく現象が起こる。そしていろいろな重たい元素がつくられていきます。星が大爆発すると、その元素は周りにばらまかれます。周りのガスと混ぜあわされて次の雲になります。太陽ぐらいの星になると、真ん中からガスが吹き出して、死を迎えます。あと50億年ほどすれば、太陽の熱いガスに覆われて、おそらく地球はやがて溶けてしまうでしょう。火星くらいまで溶けるといわれています。50億年ほど先の話ですから、まだ心配しなくていいですよ(笑)。星が死を迎えるとき、ガスをばらまいて、周りのガスと混ぜ合わされて雲になる。その雲から星が生まれ、元素をつくる。つくられた元素がばらまかれてガスになり、雲になり、星になる、それが繰り返されています。

その結果として、46億年前に、太陽と一緒に地球が生まれました。私たちも元素でできています。地球上のすべてのものは元素からできています。一個一個の元素をとりだして、「どこでできたの?」と聞くと、「星でできた」と答えますよ。私たちは、星が輝くことによってできた元素でつくられているのです。だから私たちは、星の子どもたちなんです。星が輝いてくれたおかげで私たちがいる。私たちは宇宙とつながっている。やがて50億年先、太陽はふくらんで、地球も蒸発します。私たちを形づくる元素も蒸発して、再び宇宙の雲になる。そしてもう一度私たちは星になるのです。そんな風に、非常に長い時間のスケールで見れば、私たちは星になり、雲になり、地球になり、人間になり、それを繰り返している。それが宇宙の営みなんです。

たくさんの宇宙人

そう考えてみると、宇宙人はどこにでもいそうな気がしませんか。地球のような惑星が星の周りに生まれたら、おそらく生命も生まれる。問題はそこに至るまでものすごく時間がかかるということ。地球は40億年くらいかかって進化してきました。だから人間のようなものがたくさんいるかはわかりません。天の川のなかに10個ぐらいは、人間と同じような生命体はいるだろうと思っていますが、どのような姿をしているかはわからない。そういう生命体がいたとしても、銀河はものすごく大きく広いですから、簡単には来られない。光の速さで飛んでも1000年くらいかかります。UFOでやってくるというのは夢物語で、本当に

▶アンドロメダ座の銀河。このなかにも宇宙人がいるかもしれない。（写真＝H. Fukushima　国立天文台広報普及室）

地球にくることはないでしょうけれど、宇宙人というのは、多分たくさんいる。循環がずっと続いていて、星が生まれたとき、たまたま地球が生まれた。別の星に別の地球が生まれたら、そこにまた生命も生まれる。生命が生まれる条件は、宇宙のなかに揃っているんです。宇宙は生命に満ちている。

私たちが住んでいる天の川に非常によく似ているアンドロメダ銀河というものがあります。星がおよそ2000億個集まっている。私たちは銀河系と呼ばれる平べったい集合体の端っこに住んでいます。天の川全体のなかには、宇宙人が10くらいいるだろうと言いましたね。ものすごく距離が離れているから、お互い行き来はできないけどね。もうちょっと遠い宇宙には、銀河が点々と散らばっているので、私たちの宇宙は銀河宇宙といいます。銀河がひとつの単位となって輝いています。私たちの銀河ひとつに10ぐらい宇宙人がいるとして、向こうの銀河はもっと大きいから100ぐらいいるかも、なんて計算していくと、銀河はおよそ1000億個ぐらいありますから、宇宙人は一兆以上になるわけです。たぶんほかの銀河にいる宇宙人も写真を撮って、「向こうの銀河にも宇宙人はいるかねえ」なんて言っているでしょう（笑）。

科学にとっていちばん大切なこと

君たちが宇宙のことを調べたり勉強したりするときにぶちあたる問題がある思います。最初に言っておくと、私にも答えられない問題があります。例えば「宇宙の果てはどうなってるの？」ということは、まだわかりません。「宇宙はいくつあるの？」「この宇宙だけなの？　他にもたくさん宇宙があるの？」という質問については、まだ正しい答えにたどりついていません。まだまだ研究しなければなりません。つまり科学というのは、いろいろ研究されているように見えるけれど、まだわからないことだらけなんです。わからないことがあるからこそ科学で研究する。宇宙のことを考えても、なにも役に立たないのは事実です。でもね、「はやぶさ」が7年間小惑星まで行って戻ってきたとき、みなさん大拍手したでしょ。最後はヨレヨレになって戻ってきた。でも素晴らしい宇宙旅行をして戻ってきた。なんだか嬉しいですよね。

そして宇宙のことをよく考えていくと、私たちは宇宙の子どもであることがわかってくる。それは素晴らしいことでしょう。だから役に立たなくても大事だということが、じつは科学にとっていちばん大切なことなんです。役に立たなくていい。だけど私たちを豊かにしてくれる。それを知っているとなんとなく嬉しい。楽しい。それって素晴らしい、という気持ちが生まれてくる。それが「文化」であって、それは私たちを優しくし、生きる希望を与えてくれるのです。

水のことをもっと知ろう

講師＝尾田栄章

2011年8月26日　会場＝三省ハウス

尾田栄章
1941年生まれ、奈良県出身。建設省河川局長として河川法に環境と住民参加を加える改正を主導。第3回世界水フォーラムの事務局長を務める。現在は、「国連事務総長・水と衛生に関する諮問委員会」委員を務め、世界の水問題に取り組む。著書に『セーヌに浮かぶパリ』（東京図書出版会）などがある。

水はどこからくるのか

これから〈水〉について、みなさんと一緒に考えたいと思います。水について考えようなんて、ばかなことを言うなあと思うでしょう。でも水は面白いんですよ。

これから質問をします。みんな水道の水を飲んでいるけれど、それはどこから来るんだろう。雨が降るとどうなる？　みんな傘をさすよね。その傘に降った雨はどうなる？　いろいろなところに水たまりができるね。水たまりはどうしてできるんだろう？　雨が降っても最初のうちは水たまりはできないよね。雨がたくさん降って、土のなかにしみこんでいくことができなくなった水が水たまりになる。降った雨は地面の上を流れたり、地面のなかを通って川に行く。でも雨も降ってないのに、川の水が流れているのは不思議じゃない？　なぜ川に水があるのだろう。

これから写真をいくつかお見せします。まずはサウジアラビアの首都、リアドの写真です。アラビア半島のど真ん中、砂漠のなかです。それなのにこんな噴水がある。砂漠って、プールで泳いだあと水からあがると、ぶるぶる身体が震えるくらい寒いんです。あまりにも乾燥しているから水がすぐ乾きます。そのときの気化熱で身体の熱が奪われるから、震えるくらい寒くなるんです。これはそれくらい乾燥した水のない砂漠にある噴水です。さて、この水はどこから来ているのでしょう？　周りは砂漠ですから、川なんてありません。この噴水の水の半分は地下水です。地面はカラカラに乾いていても、地下水のある場所があります。その水を汲み上げています。もう半分は何だと思いますか？　海水を使っているのです。といってももちろん塩水ではありません。海水は浸透膜という膜を通すと、塩分は通過できなくて真水にかわります。そういう水をアクアダクトという大きな水道管でえんえんと引っ張って来て、噴水に使っているのです。砂漠だからものすごく貴重な水ですよね。飲み水に使うとかならわかりますが、惜しげもなく噴水に使っています。石油が一杯出てお金持ちの国だからこそできることですね。

次の写真にいきましょう。なにに見える？　そう、

▶1600人が一緒に入れる巨大な公衆浴場、カラカラ浴場。写っている人と較べると大きさがわかる。(写真＝尾田栄章)

トンネルです。これはなにに使っていると思う？　実はここには水が流れていました。今から2000年以上も前につくられた、水を運ぶためのトンネルです。運んだ水を使ってなにをしたんだろう？　写真にはばかでかい建物が写っていますが、いったいなんだと思う？　これはね、種明かしをするとお風呂です。今から1800年ほど前につくられたカラカラ浴場という公衆浴場で、1600人が一緒に入れる大きさです。先程の写真のようなトンネルを掘って、水をわざわざ山から運んで来ました。それはもちろん、風呂に入りたかったのもあるでしょうけれど、もうひとつ、これは私の推測ですが、この水をもう一度街の方に流すためにつくったのではないかと思っています。街の美しさを保つために使われた水ではないかと考えています。

江戸時代の水

では日本では昔どうやって水を使っていたのでしょう？　花のお江戸ではどうだったかというと、多摩川という川からわざわざ水を持ってきました。このシステムを玉川上水といいます。多摩川の堰から江戸まで約40キロメートルです。ところが高低差は90メートルしかありません。40キロメートルの距離をたった90メートルの高低差でなだらかに流す技術はすごいものなんですが、江戸時代にすでに持っていました。だから、江戸時代の日本には〈水道〉があったと言えます。

ではこの水道の水はどのように配ったのでしょう？

今みたいに各家庭に水をゆきわたらせようとすると、水に圧力をかけて流す必要があるけれど、この時代にはそのような技術はありません。この時代は井戸に水をいれて、それを汲み上げて協同で使っていました。だから〈井戸端会議〉が発達したんです。江戸の地下には水はありません。帯水層が発達していないのです。だから井戸水に見えても、全部玉川上水からひいてきた水なのです。外国ではどうしていたのでしょうか？　やはり水道の蛇口はありませんから、そこで考え出したのが噴水です。噴水が街角にあって水飲み場になっていました。みんな水を汲みにいっていました。それが水道のもともとの姿です。水道というのは何百年、何千年も前から人びとが努力して、工夫してみんなが共同で水を使えるようにしてきた努力の結晶なのです。

トイレの話

次はもうちょっとおもしろい話をしよう。自分のおしっこやウンチがどこへ行くか知ってる？　昔、花の都パリでウンチをどうしていたか？　実はものすごく原始的なんだけれど、窓から投げ捨てていました。いい法律があってね、窓からウンチを投げ捨てるときは、下の人に「逃げろ！」と大きな声で怒鳴ってから捨てればいいことになっていた。西洋で傘が普及したのはこのウンチのせいだという説もあったぐらいです。次の時代になると窓から投げ捨てたものが道路の

◀みんなで「おがくず」に触れ、香りをかいでみる。

真ん中に集まって下に落ちるように道路の形が改良されました。これが下水道です。ウンチを簡単に集めるためのものだったんですね。20世紀の始め頃になると下水道管を道路の下に埋め込んで、それで集めたものを大きな畑までもってきて撒いていました。ウンチには栄養分がたっぷり含まれるから野菜をつくるのに非常によかったのです。

では日本。花のお江戸には下水道はありません。どうしていたか？　当時ボットン便所はありましたが、どうやってウンチを集めたと思いますか？　舟です。街中には水路がものすごく張り巡らされていて、舟で運ぶシステムをつくりあげていました。ウンチを畑の肥料として使うために、隅田川を舟で上流の方までのぼって行ったのです。昭和初期までそのような舟が動いていました。それからあとは汲取車が各家庭を回ってウンチを集めていました。君たちは知らないけれど、おじいさんたちなら汲取車のことは覚えているかもしれません。帰ったら聞いてみてください。

ブルガリアの田舎にたいへん面白いシステムがあります。人が集まる建物にもうひとつ建物がくっついています。これ、何だと思う？　トイレです。でもみんなが知ってるトイレとはちょっと違うよね。便器があって、横に箱があります。上に絵が描いてありますね。便器を見ると前に変な穴があいています。後ろにも穴があいています。箱のなかには茶色いものが入っています。何だと思う？　これはね、おがくず。いい匂いがするでしょ？　どのように使うかというと、ウンチをする前におがくずをひとつまみ入れます。そうするとウンチが全然匂わない。絵が描いてあるのは、こういう形で使いなさいという説明書きです。座るときはお尻をこっち側にむけなさい。オシッコをしては駄目ですよ、と描いてあります。オシッコとウンチは溜める場所が別々だからです。おがくずでウンチの匂いを消すとき、水が混じると効率が悪くなります。オシッコというのはきれいなもので、病原菌はほとんどいません。だからそのまま薄めて肥料として使います。おがくずとウンチは一定期間置いて発酵させたあと、肥料として使います。

今までの話から、皆さんの飲み水の源は川の水、その元は雨かなあと思ったと思います。雨が色んな形に姿を変え、流れ流れて最後は水道管を通ってみんなのところに来ている。そしてその水道の水を料理や飲み水に使うよね。それがオシッコやウンチになる。それを水で流して下水施設に集めて処理場で処理してきれいな水にして川に流す。水というのは単に飲むだけで終りというのではなく、使ったあとにもう一度処理してきれいにしてあげないと困ったことになるんだよ。

多過ぎても困る水

水はなくなったら困りますが、実は多過ぎても困るんです。多過ぎるとどういうことが起こるだろうか？洪水や土砂崩れがすぐに思い浮かびますね。でも水が

▶平成7（1995）年に蒲原沢で起きた洪水の被害。右が洪水前、左が洪水後。（写真＝建設省資料より）

溢れることが問題だと思わない人は地球上にいっぱいいます。

お配りした資料を見ると、数字が書いてありますね。この数字は洪水で亡くなった人の数です。5年間で6万人亡くなっています。青い数字はアジア太平洋地域を示しています。赤はその他の地域。これをみると洪水で命を落とした人の大部分はアジア太平洋地域の人たちです。みんなは先ほど、水が多過ぎても困ると手を上げましたが、それはみんながアジア太平洋の人だからです。ヨーロッパやアメリカの人に言ってもピンときません。ですから洪水の問題はまさに我々が真剣に考えないと解決できない問題です。日本の実情を見てみると、堆積平野（川が洪水や氾濫を繰り返してできた土地）の広さは日本全体のたったの10パーセントです。そこに人口の半分が住み、資産の75パーセントが集まっています。日本人の約半分が常に洪水の危険があるところに住んでいて、もしみんなが100万円の資産をもっているとしたら、75万円は洪水で消えてなくなる所に住んでいるということです。それが日本という国の成り立ちです。

次の写真を見てください。蒲原沢《がまはらざわ》という新潟県と長野県の県境で起こった災害の写真です。こちらが平成7年、洪水が起こる前の写真です。鉄道や川があって、建物がいっぱいあります。よく見ておいてよ。これがたった一晩雨が降っただけでガラッと変わる。川が全然違うところを流れているね。土砂で埋まってしまう。これが日本の川です。同じことがこの七月の末、十日町でも起こりましたが、幸いなことに中心となる信濃川が溢れたのではなく、信濃川に流れ込んでいる小さな支川の氾濫だけですみました。だから支川では大きな被害が出ていますが、信濃川では大きな災害にはなりませんでした。

人間の心には大切な水

水にはもうひとつ大きな役割があります。川で泳いだことのある人いますか？　川で泳ぐと楽しいよね。水は人を心地よくさせてくれるのです。パリで面白い試みをやっているので紹介します。セーヌ川沿いの高速道路を夏の間だけ止めて砂を運び、臨時のパリ海岸をつくる試みが行なわれました。水というのは人間の心にとっても大事なのです。

次に〈曲水の宴〉についてお話しましょう。水の上に杯を浮かべ、自分のところに流れてくるまでに歌を一句詠んだら酒を飲むことができる、という優雅な遊びです。川に飛び込んだり、泳いだり、魚をとったりして遊ぶことは本当はものすごく大事なことです。精神的に大きなショックを受けたあと、立ち直れるかどうかは、自然の水のなかで遊んだ経験があるかどうかで変わってくるという研究もあります。

〈打ち水〉についてもお話ししましょう。昔は夏、道路に水をまいて暑さをしのいでいました。この習慣を復活させて夏のヒートアイランド現象に打ち勝とう

◀再生された清渓川に入り、水を楽しむ人たち。清渓川再生・復活事業の完成式典（2005年10月1日）後の光景。（写真＝尾田栄章）

と〈打ち水大作戦〉を始めました。この動きは日本だけでなく世界の人たちにも広がり始めました。〈打ち水〉をするときには大事な条件が一つだけあります。世界には飲み水にも困っている地域がたくさんあります。そんななかで〈打ち水〉をやる以上、水道の水や飲み水として使える水は使わない、という規則です。〈打ち水大作戦〉で使う水は下水処理をした再生水や風呂の水、お米のとぎ汁などにしようということになりました。

水は人間の感覚や心の動きにも関わっています。その面白い例として、ソウル市内を流れる清渓川を紹介します。この川は蓋をされて道路となり、さらにその上に高架の高速道路がつくられていました。この川の蓋をとって再生しようという声が起こり、工事が始まりました。道路をぶっ壊して川の流れをもう一度つくったのです。写真は完成したときの様子ですが、ソウルの人たち、みんな川に入っているでしょう！　何十万人もの人が集まってこの川の再生を祝ったのです。人の心にとって水がいかに大切かということを教えてくれる写真です。みなさんの家の近くでも、もともとあった川が蓋をされて道路に変わっている場所がたくさんあるはずです。車は通れるのだけれど、それが人間にとって本当に幸せなことなのか。そんなカサカサの町にしてもいいのか。水の問題は物理的な側面だけでなく、みんなの心に直接関わる大切な要素なんです。

ここでちょっと話を変えます。ペットボトルの水と水道の水、どっちが高い？　水道の水がいくらか知ってる？　1立方メートルあたり400円です。ペットボトルの水を1立方メートルに直すといくらになるかな？　みんなが飲んでる500ミリのペットボトルの水がたとえば130円だとすると、1リットルで260円、1立方メートルだと26万円。水道なら400円ですむ水なのに、みんなはペットボトルにして26万円もする水を平気で飲んでいることになるんですよ。水を経済材として考えるなら、いかに馬鹿げた行為であるか、ぜひよく考えてみてください。

最後になりました。でも水は使ってもなくならない。水を使うということは水を汚すことなのです。今みんなが飲んでいる水も使っている水も、ほとんど全部身体の汚れを外に出すためとか、身体をきれいにするために使われています。汚れはするけれど、水はなくなりません。水は自分を汚すことによってみんなの役に立っているのです。これこそが水の大切な役割なのです。

以上で僕の話は終ります。ありがとうございました。

人はなぜ自然にひかれるのか
——人も自然の一員になれるのか

講師＝宇根豊

２０１１年11月5日　会場＝三省ハウス

宇根豊
１９５０年、長崎県生まれ。福岡県の農業改良普及員を務めたのち、１９８９年より自身も農業を始める。２０００年に「農と自然の研究所」を仲間と設立。著書に、『「百姓仕事」が自然をつくる』（築地書館）、『風景は百姓仕事がつくる』（築地書館）『田んぼの学校』などがある。

〈自然〉は新しい言葉

こんばんは。僕は宇根といいます。「う」は宇宙の宇、「ね」は根っこの根。宇宙の根っこ。いったいなんでしょう？　私です。（会場・笑）今日は、自然ってなんだろう、という話をします。みなさんは、自然が好きですか嫌いですか。イヤですか、こわいですか。いま、私が「自然は好きですか、嫌いですか」と訊いたときの〈自然〉は、山や森、野原、そういうものを意味しますね。でも、〈自然〉にはもうひとつ意味があるでしょう。たぶん、私の話を聞いていると、〈自然と〉眠たくなると思います（笑）。約束します、自然と眠たくなります。「自然と眠たくなる」というときの〈自然〉と、さっき尋ねた、「自然は好きですか？」の〈自然〉は、意味がまったく違うでしょう。

でも、昔の日本語には「自然と眠たくなる」の〈自然〉しかありませんでした。昔の日本人は、「自然は好きですか」の〈自然〉という言葉を使わなかった。いつからできたのでしょう？　〈ＮＡＴＵＲＥ〉という英語が、明治時代に日本に入ってきましたが、当時の日本語にはふさわしい言葉がなかった。最初は〈万物〉と訳しました。しかし、〈万物〉ではなんでもかんでも入ってしまう。次に〈天地〉と訳しました。しかし〈天地〉には人間も含まれますね。だから〈自然〉と訳して人間を含めないことにしたのです。でもそれ以前の日本人は、自然と人間を分けなかった。人間も自然の一員だった。ヨーロッパの人たちは、自然と人間を分けていたから、〈ＮＡＴＵＲＥ〉という言葉を持っていたけれど、日本人は明治時代になってから、この言葉を使いはじめた。〈自然〉は新しい言葉です。

ヨーロッパの、キリスト教の考え方では、まず神様がいて、神様が人間をつくり、そして人間のために自然をつくりました。だから自然と人間は分かれている。ヨーロッパの人は、クジラやイルカを大事にしますね。殺したらいけないと言うでしょう。でも、ヨーロッパ人は牛や豚は食べる。日本人はどちらも食べる。どちらもほ乳類で、動物で、賢い生き物です。なぜでしょう？　私が聞いた話はこうです。クジラは、神様がつくったままの姿が残っており、しかも知能が

◀「ちょっときみ、稲になって」と参加者をモデルに田んぼの虫の調べ方を実演。

すごく発達していて人間と近い。牛や豚も神様がつくりましたが、人間が改良しすぎて神様がつくったままの姿が残っていない。だから価値が低い。ヨーロッパではそう考えられています。でも日本人にはこんな考え方はないですね。

よく大人たちは、「人間も自然の一員だ、一部だ」と言いますが、これはおかしいのではないですか？　だって、〈自然〉は人間以外をさすわけでしょう？　ヨーロッパ人は、はっきり言います。「人間は自然ではない。」でも、日本人は「人間も自然だ」ってときどき言います。それはどうしてか。めちゃくちゃ難しい話なので、〈自然と〉眠くなりますが、がんばってください。(笑)

田んぼは自然か

私は、福岡県の糸島市というところで百姓をしています。田んぼも畑も、みかん畑もつくっています。私の田んぼで赤トンボがいつも生まれてきます。では、赤とんぼは自然の生き物ですね。では、赤とんぼが生まれる田んぼは、自然ですか？　ここが難しいところ。赤とんぼは自然だけど、田んぼは自然とは言いにくいと思う人が多い。だって、お百姓さんが耕して、水を入れたり落としたり、農薬も使う。そのように人間が手を加えたところは自然ではない、という気持ちもありますよね。でも、そこから赤トンボとかメダカとかカエルとかがいっぱい産まれるとしたら、まったく自然ではないというのもちょっと違う感じがしますね。

田んぼの虫を観察してみると、じっとしている虫と、動き回っている虫がいます。どちらが害虫で、どちらが益虫か、わかりますか？　動き回るほうが獰猛な感じ？　でも害虫は、よく顔をみるとおとなしい顔をしています。益虫は、じっとしていたら仕事にならないでしょう。えさを探してずっと動き回ってガバガバ食べたり、卵をうみつけたりしています。田んぼには、もうひとつ、害虫でも益虫でもない虫がいます。なんという虫でしょう。これはめちゃくちゃ難しい問題だ！　大学生でも知っている人は少ない。やっと大学でも教えられはじめたことです。……「ただの虫」といいます。(会場・笑)

田んぼの虫たちのうち、害虫は一五〇種類、益虫は３００種類。一方、ただの虫は１４００種類。めちゃくちゃ多いです。田んぼでいちばん大事な虫は、じつはただの虫なのですが、今まで誰も研究してきませんでした。害虫を研究すると百姓から喜ばれますし、益虫を研究すれば農薬使わなくてすむから、これまた褒められる。でも、ただの虫を研究しても、誰も褒めませんね。ただの虫は、これまで大学などでは研究されてこなかった。でも、不思議に思いませんか？　なぜ、子どもたちは、大学の先生たちが研究しなかった、ただの虫の名前を知っているのですか？　なぜ、我々百姓はただの虫の名前を知っているのか？

それはね、ただの虫も好きだったからです。百姓は、害虫、益虫、ただの虫、あんまり差別していません。人間は、害虫、益虫、ただの虫と分けますが、稲の気持ちになったら、どうでしょう？　稲にしてみれば、分ける気持ちはさらさらない。みんな田んぼに共に生きる仲間、友だち。仲のいいやつ、悪いやつ、苦手なやつはいるかもしれないけど、別にいいじゃないかと思っているんじゃないかな。これは私が稲に聞いた話なので、みなさんがきいたらまた別の答えを言うかもしれません。でも早く聞いたほうが勝ちです。全国の日本人に先駆けて私が稲に聞いたので、私の勝ち。

田んぼは、米と一緒に多くの生き物を育む

ごはん茶碗1杯はお米何粒でしょう？　稲だったら3株分です。稲はひとかたまりを1株と数えます。3株分というと、稲の穂が4、50本。それがごはん茶碗1杯です。資料を見ると、ごはん茶碗1杯がオタマジャクシ35匹とつながっている。稲3株ぶんの下に、オタマジャクシが35匹くらいいるということです。では、ごはん茶碗1杯食べなかったらどうなりますか？　稲3株分の田んぼがいらなくなって、稲3株分のオタマジャクシ35匹が生きる場所を失って死にますね。「食欲がないからごはん食べない」って言ったら、オタマジャクシ35匹を殺しているのではないですか？　それは言い過ぎだと思いますか。では逆に考えてみてください。みなさんが茶碗1杯のごはんを食べるから、稲3株分の田んぼが必要となって、私たち百姓が、せっせと手入れをする。稲のまわりでは、そのお友だちであるオタマジャクシ35匹がちゃんと育っていく。つまり、いくら私たち百姓が一生懸命稲を育てたって、みなさんがごはんを食べなければ、米が売れず、田んぼをつくれなくなるのですから、オタマジャクシを育てているのは、本当はごはんを食べているみなさんの力が大きい。ところが、現代人はそんな風に絶対考えません。

現代社会では、ごはんは人間が生きていくための食糧ですね。オタマジャクシのために食べているわけではないです。これが、食べ物がおかしくなってきた本当の原因ではないでしょうか。私たち百姓は、昔は、米や野菜を「つくる」とは絶対言いませんでした。田んぼをつくる、畑をつくるとは言っても、米をつくる、稲をつくる、野菜をつくる、とは言いません。昔は、米は「とれる」、「できる」野菜や果樹は「なる」と言いました。なぜでしょう？　百姓は、稲はつくれません。米をつくっているのは、稲自体の力と、お天道さま、風、生き物、土、水……自然の力でできている。だから「つくる」とは言わない。「できる」、「とれる」というのは、自然から「いただく」、「もらう」気持ちを表現しています。しかも、自然からとれる場合は、米だけをもらうわけにはいきません。米が欲しけりゃ、トンボも、メダカも、ゲンゴロウも、カエルも全部もらえ、というわけです。自然は百姓に、米だけでなくいろいろな生きものも一緒に手渡しています。百姓はそ

◀参加者にも意見をききながら、お話を進める宇根さん。

のうちの米だけをお金に換えて食っているわけですが、ほかの生き物も、百姓はちゃんと名前を呼びます。今年もトンボが、ゲンゴロウが、メダカが、クモがいるな。そういった生き物も一緒に、自然からいただいているのです。これが百姓の、本来の気持ちでした。でもいつのまにか、オタマジャクシはお金にならん、という気持ちが百姓のなかに生まれてきて、お金にならないものは、二の次という考えになってきた。

環境や風景を守るためにできること

ドイツに行ったときにこんな話を聞きました。ドイツのお百姓さんは、年間所得400万円。そのうちEUと州政府からの助成金が210万円。だから、自分で稼いでいるお金は190万円ですね。これがドイツの専業農家の所得です。つまり、所得の半分以上は税金でまかなわれているのがEU、ドイツの農業の実態です。所得の半分を補わないと成り立たない……。ところが、本当のところは違っていたのです。

ドイツのリンゴ農家に行きました。EUのなかは国境がないから、フランス、イタリア、ポーランド、ポルトガルからも、どんどん農産物が入ってきます。安いリンゴが入ってきて、ドイツのリンゴも安くなってしまう。そこで、この村の百姓たちは工場をつくって、リンゴジュースを売り始めました。それが飛ぶように売れるようになりました。なんで、このリンゴジュースが売れるのか、当ててごらん、と言われました。

「おいしいですね」、「香りがいいですね」、「無農薬で、安全だからでしょう」、「色でしょう。色がいい」、「何か特別な栄養が含まれているのでは?」、「このパッケージがいいからでしょう」……全部違う。

私たち日本人は誰も当てることができなかった。本当の理由はね、人びとはこう言って買って行くそうです。このリンゴジュースを買って飲まないと、あの村の、美しい風景が荒れ果ててしまう。あの村の風景を守るための一番の手だては、そこでとれたこのリンゴジュースを飲むことなんだ、と。

その風景をオタマジャクシに換えたらどうですか。生き物を、風景を、自然を守るために、そこでとれた自然の恵みを引き受けて食べる。こういう関係が、ドイツでは生まれてきている。それでも足りないから、農業予算で農家を保護しています。この210万円も、ただあげるだけではありません。環境のために支払うという工夫がおこなわれている。たとえば生き物がいっぱいいる畑、野の花がたくさん咲いている草地、農薬を使わない畑……。麦畑のなかにポピーとかがいっぱい咲いているところもありました。そういうことに助成金が出る。「環境支払い」といいます。そんな面白い政策がいっぱいありました。

本当は、食べ物だけが農産物ではなかったのではないでしょうか。風景も、赤とんぼも、涼しい風も、彼岸花も、蛍も、全部が農産物で、百姓はそのすべてを生産していたのではないでしょうか。それなのに、お金になるものだけを生産と言いはじめたときから、人間は、あるいは百姓も堕落しはじめた。

そこで聞きました。「ドイツ人ってすごいですね。昔からそうだったのですか。」すると、「昔はやっぱりドイツ人も安いもの、おいしいもの、安全なものに飛びついていました。でも、EUの経済が自由化されて、外国から安いものが流入したとき、安さだけに飛びついていたら、風景や自然など、お金にならないものがどんどん壊れていった。お金にならないものをもっと大事にしよう、と徐々に変わりつつある」という話でした。日本もこうなって欲しいと思います。

自然のためにご飯を食べる

そのために、百姓はどうしたらいいでしょうか。今、残念ながら百姓は、「うちの米はおいしいですよ、安全ですよ、安いですよ」とは言っても、「うちの田んぼでは、オタマジャクシが稲3株あたり35匹いるんだ、トンボも、ゲンゴロウだっているんだ」とは言えないでしょう。百姓が都会の人に、こう自慢したそうです。「うちの田んぼではね、赤トンボがいっぱい生まれているんだ。だから、うちの田んぼの米を買って食べてほしい。」すると、相手は、こう言い返したそうです。「それは、たまたまあなたの田んぼに赤とんぼが飛んできて、卵を生んだだけじゃないの。あなたがちゃんと計画して育てているの？　たまたま田んぼで育った生き物を、あたかも自分が育てたように言わないでよ。」これはちょっとキツイ意見ですね。百姓はいい稲を栽培しようと田んぼの手入れをしますが、「今年は、オタマジャクシを例年の3割増ぐらい育ててやろう」なんて、意識しませんよね。この都会の人の反論に、百姓はどう言い返したらいいでしょうか。

私の答えはこうです。「それが、自然だからです。」自然とは、人間が計画的に生産するのではなく、人間の力を超えたところで生き物が育ってしまうものです。それが農業のすごさで、そういう世界の土台を、百姓が準備しているのです。だから、こう言えばいいでしょう。「自然はそういうものなんだ。でもね、私が代掻きして田植えをするから、赤とんぼも生まれるし、カエルもトンボもゲンゴロウも集まってくる。いろいろな生き物たちが生きる場所を私が準備しているのです。私はどんな生き物でも受け入れて仕事をしています。私は、生まれたものを大事に抱きしめて育てる、そういう営みをしています。だから、田んぼのトンボのために、カエルのために、蛍のために、ぜひ、このごはんを食べてくれませんか。」

百姓仕事の本質

ここでひとつお話をします。

じいちゃんとばあちゃんがおったげな。じいちゃんがばあちゃんにこういった。「俺が死んだ後、お前が寂しくならんように、裏のイモ畑にみかんの木を植えようと思う。」じいちゃんはイモ畑にみかんの木を

◀「どうしてだかわかる人、手を挙げて！」と参加者に問いかける。

せっせと植えたそうです。そしてふたりで、みかん園の手入れに励みました。おもな仕事は草取りでした。やがて、じいちゃんが亡くなったあと、ばあちゃんはひとりでみかん園に行って、草取りに励んでいました。でも、ばあちゃんもとうとう、足腰が弱って、みかん山に登れなくなってしまいました。すると、近所の人が、声をかけるんだそうです。「ばあちゃん、今からあんたのみかん畑の横を通るけど、なんかみかんの木に言いたいことはないね。」そしたらばあちゃんは、「ああ、ほんにせつなか。みかん山に行きたいばってん、こんな体になってしまって行ききらん。せめて、みかん山の草によろしゅう言っといてくれ」と、言づけするのだそうです。

　どうしてばあちゃんは、みかんの木じゃなくて、みかん畑の草によろしゅう言っておくれと言づけするのでしょうか。草は、みかんの木の成長を邪魔するもので、だからばあちゃんは草取りをしていた。現代の百姓だったら、たぶん草じゃなくて、みかんの木に言うんじゃないかな。でも、昔の百姓は、草に言うんです。考えてみてください。草をきれいに刈ったりとったりしてみかん園の手入れをするのは、みかんの木をすくすく育てるためでしょう。みかんの木をたわわに実らせて、それを売って所得を得て、暮らしを立てる。現代の農業の考え方です。でも、ばあちゃんにとっては、その程度の薄っぺらなものではなかったってことですね。

　草取りは楽しい仕事です。なんで楽しいと思う？　私の想像ですけど、じいちゃんが亡くなった寂しさを忘れるくらい、ばあちゃんは草取りに励みながら草と話をしているんです。「お前はまた生えてきてくれたね。取っても取っても、毎年よく生えてきてくれるね。秋にはかわいい花を咲かせてくれるね。」そういう話をしながら、草取りに没頭していくわけです。じいちゃんが亡くなったことも、時間が経っていくことも、日が落ちて行くことも忘れて草と自分の世界に没頭していく。たぶんばあちゃんは、圧倒的な時間を草取りに費やしていたのでしょうね。これが百姓仕事のすごいところじゃないでしょうか。

自然を守る人を守る

　お金にならない草、虫、風景、涼しい風、これを守るような政治が、そういう国民が必要じゃないでしょうか。だからドイツでは、環境を守るために使ってください、という助成金が百姓に渡される。そうすれば、できるだけ農薬を使うのは控えよう、畑の野の花を増やそう、生き物を増やそう、という余裕がまた百姓に戻ってきます。「環境支払い」というこの政策が、日本は本当に遅れています。これはなぜかというのが、今日の最後の話です。

　ヨーロッパ、アメリカは「自然は、人間が保護するものだ」という考え方です。日本は、「自然は大事だ」とみんな言うけれど、自然を守る人を大事にしていません。自然を守る人って誰ですか？　もちろんみなさんの力は、地元のものを食べること、自然を大事にすることを、本気で、政治家に要求することでしょう。だけど、守っている人間は、おもに百姓でしょう。百姓に自然を守る余裕を保証しないといけない。

人間は自然の一部となりうるか

ヨーロッパ人は人間と自然を分けます。日本人は、もともと人間も自然の一員だと思ってきました。その頃は〈自然〉という言葉は使いませんでしたが、自然は、自分たちが生きていく世界です。その世界では、人間と同じようにいろいろな生き物が生きています。もちろん、人間は生き物も殺さないと生きていけません。食べ物を食べるのは、生き物を殺すことですね。みなさんは、食べ物を食べているでしょう。百姓も生き物の命を奪っているでしょう。生き物の命を奪っています。田んぼを耕すのは、田んぼに生えている草を殺すことになる。田んぼの稲刈りは、稲を食べている生き物のエサを奪うし、田んぼに水をいれると、溺れ死ぬ生き物もいます。消費者も百姓も、相当数の生き物を殺している。それでも、生き物はちゃんと次の年に生まれてきて、笑顔を見せてくれます。田んぼは、生を安定して繰り返す生き物たちの、すみかとなっている。毎年田植えをするから、カエルが田んぼに集まってくるのです。トンボが、ゲンゴロウが、生まれるのです。田植えをやめたら、生き物は生きられなくなります。ですから、いったん田んぼにしたら、農業をやめるわけにはいかないのです。消費者がごはんを食べないから田んぼをやめるなんて、本当はやってはいけなかったのです。でも、日本の消費者は、「米が余っているなら、田んぼは休んだらどう?」とこうです。私たちが好きな自然というのは、百姓がつくりかえた新しい自然です。でもその新しい自然のなかで、生き物は、もともとの自然よりも本当は生きやすい、暮らしやすいんです。毎年田植えが行なわれ、同じ時期に田んぼから水がなくなり、稲がなくなる。それに生き物が合わせていけるようになったのです。ですから、私は田んぼも立派な自然だと思います。

ただ、農薬、化学肥料を使い過ぎという問題はあります。でも、農薬を減らし、有機農業をするのは、安全な食べ物を消費者に届けるためではない。もとの豊かな自然を取り戻すためです。そうしないと、人間は自然の一員に戻れないのです。自然の一員に戻っていくための手だては、せめて、百姓じゃない人は、自分のつきあっている自然の恵みを食べることです。松代や十日町に、何回か通った人はここの米を食べるべきでしょう。あるいは、地元の福島で、宮城で百姓をしている人は、できるだけ早く戻れたら、地元の米を、地元の消費者に食べてもらうことですね。宮城、福島に住んでいる人は、田んぼが戻ってきたら、できるだけ、そこのお米を食べるべきでしょう。そうすることによって、十日町の、宮城の、福島の生き物は喜び、その声が聞こえてくるでしょう。

東京に負けない――21世紀はどんな未来か

講師＝吉見俊哉

2011年12月24日　会場＝三省ハウス

吉見俊哉
1957年、東京都生まれ。東京大学大学院情報学環教授。専門は都市論、カルチュラル・スタディーズ。主な著書に、『都市のドラマトゥルギ』（河出書房新社）、『カルチュラル・スタディーズ』（岩波書店）、『ポスト戦後社会』（岩波新書）などがある。

「戦後」を考える

こんばんは。「世界一受けたい授業」という番組がありますが、僕も、「妻有一受けたい授業」を目指したいと思います。科目でいうと、今日の話は「社会」になります。キーワードが3つあります。ひとつは「アジア」、次に「東京」、3つ目は「戦後」。この3つをつないで考えてみたいと思います。

「戦後」ってなんだろう。1945年に敗戦で、アメリカに占領され、「戦後」という時代がはじまった。この「戦後」について考えます。ここ100年くらいの間で重要な、よく知られている大きな事件はなにか考えてみましょう。過去100年を振り返ってみて、日本が本当に大きなダメージを受けて苦しんだことが何回かあります。2011年の大震災で本当に多くの方が苦労されていますが、東北の方々はもちろん、日本全体がダメージを受けている。東日本大震災と同じくらい大きな出来事をあげるとすると、ひとつは関東大震災。もうひとつ、やっぱり1945年の敗戦。そして、1995年の阪神淡路大震災。この4つが、過去100年を振り返って、日本全体を揺るがした大きな出来事だと思います。

まずひとつわかることは、日本がいかに地震国かということ。日本が受けた4つのダメージのうち、3つが地震です。そして、第2次世界大戦終戦は45年だけど、戦争が始まった、満州事変が起こったのは、31年から。23年の関東大震災から10年でもう戦争に入っている。阪神淡路大震災から東日本大震災までも10年ちょっと。ところが、45年から95年までは、中くらいの地震はたくさんありましたけど、とてつもなく大きな震災は起こっていない。つまりこの間の50年間くらい、あまり大きなダメージを受けない、ある種、成長・安定していく時代が続いていたんです。これを広い意味での、「戦後」と呼んでみたい。

この間に60年安保、東京オリンピック、沖縄返還、大阪万博がありました。どんどん日本の経済が成長し、発展していく時代です。この「戦後」という時代を、もう少し深く考えてみると、東京や沖縄、原発の問題につながっていきます。

25年周期説　おもな年表

◇1895　日清戦争
　1904　日露戦争

25年

◇1920
　1922　関東大震災

25年

◇1931　満州事変
◇1945　終戦
　1954　第五福竜丸被爆

25年

◇1970　大阪万博
　1972　沖縄返還

25年

◇1995　阪神淡路大震災
　2011　東日本大震災

45年から95年の50年間を真ん中、つまり70年でふたつに分けてみましょう。終戦からの25年と、70年からの25年を比べてみる。45年の焼け跡から高度経済成長に入り、１９７０年の大阪万博で、日本経済は頂点を迎えます。その後、オイルショックや減反、地方の衰退があって、国内の構図が少し変わりはじめる。70年が折り返し地点だったといえます。

すごく乱暴にいうと、僕は今、「25年周期説」を話そうとしています。45年〜70年、70年〜95年、その前にさかのぼると20年〜45年で25年。１９２０年から25年遡ると１８９５年。日清戦争があった年ですね。日清、日露戦争があって、アジアに日本の帝国主義が広まっていった時代。１９２０年に転換期を迎え、関東大震災があって、ここから戦争に向かっていく。45年からの25年間は、復興と経済成長の時代。70年で折り返し地点。95年までは、表向きは安定して豊かな社会と経済。しかし内部では過疎や公共事業など、さまざまな問題が進みつつありました。95年以降、日本ではいろいろな問題が露出していく。

東京のイメージとアメリカ

東京、そして原発、沖縄、それらの問題を戦後の歴史のなかで考え直してみたらどうなるか。60代、70代の方と小学生とでは、東京の捉え方が違うと思います。若者にとって代表的な東京のイメージといえば、六本木、表参道、原宿、それからお台場かな。そして、いうまでもなく、東京ディズニーランド。この４つの共通点を考えてみると、全部アメリカと関係があります。１９４５年、日本は戦争に負けてアメリカに占領されました。アメリカ軍の施設がとりわけ集中していた場所が、たとえば六本木、原宿。なぜか？　今の表参道や竹下通りは、若い人が大好きでよく行きますが、じつは、原宿という街は、戦争が終わってしばらくはアメリカ軍の基地の街でした。代々木公園やオリンピック競技場があるあたりは、アメリカ軍兵士たちの宿舎がたくさん集まっていた。戦前、日本の軍隊が使っていた場所は、戦争に負けてから、アメリカ軍の兵士たちが住むところになった。40年代の終わりごろ、戦争が終わってすぐの代々木公園のところにはアメリカ兵たちの住居がたくさんあった。そのまわりにレストランやお店が集まって、原宿のイメージがつくられてきた。六本木もそうです。六本木ヒルズや東京ミッドタウンが有名な六本木は、かつてアメリカ軍の基地の街でした。戦前の六本木は日本の軍人たちがいっぱい住んでいた兵隊さんたちの街だった。戦争に負けて、今度はアメリカ軍の兵士が住む。その周りにアメリカ軍のいろいろなものが出てきて、それを求めて若い人たちが集まって、今の六本木のイメージができていったのです。六本木や原宿のような、今の東京を代表する場所の背後には、アメリカの影がありました。

◀ビキニ環礁の水爆実験で被爆した第五福竜丸

原子力に対するふたつの流れ

この写真を見てください。第五福竜丸です。ビキニ環礁の水爆実験で被爆しました。みなさんは「ゴジラ」という怪獣を知ってる？　私は１９５７年の生まれですから、私の子ども時代は１９６０年代の前半です。その頃、ゴジラはヒーローでしたから、すごく人気だった。１９５４年にアメリカのビキニ環礁による水爆実験で第五福竜丸が被爆して、その死の灰をかぶって焼津港に戻ってくる。それを機に日本で原水爆反対運動が盛り上がる。その時代の流れのなかで、このゴジラが東京を襲うのは、アメリカの水爆が東京を襲うイメージです。それを怪獣に託している。ゴジラの映画が54年にできた。でも直接的な反水爆映画というのはなかなかつくれなかったから、怪獣映画、娯楽映画にして見せた。だから、反戦運動、原水爆禁止運動という流れと密接な関係があったわけですね。

ところが、その時代にはもうひとつの流れがある。53年、ビキニ水爆の実験とほぼ同じ頃、アイゼンハワー大統領は、国連総会で「原子力平和利用の演説(atoms for peace)」を行なった。その後、全世界に原子力の平和利用を広げていこう、という動きが起こって、日本でも原子力発電所をつくろうという動きが広がっていったわけです。

一方で、ビキニ環礁における水爆実験に対して反対運動が高まり、他方、それに対立するものとして「原子力平和利用」が政策的にうたわれた。それがはじまったのが50年代の半ばです。

この話が、さっきの話とどういう風に関係あるのか。70年に大阪万博があります。日本の原子力発電所は、その多くが１９７０年代の前半にできています。敦賀原発の一号機ができるのが１９７０年３月。次に美浜原発が稼働するのは70年の夏です。今問題になっている福島県の第一原発ができたのが71年の夏です。高浜原発が74年、玄海原発が75年、浜岡原発が76年、つまり、日本の地方で原子力発電所がスタートするのが70年代前半です。１９４５～70年までの25年は、乱暴にいえば、一方には原子力平和利用で原発をつくっていこうという動きと、それに対する反対運動、禁止していこうという両方の流れがあった。70年代に入ると、原子力発電所は全国各地につくられていく。

「ゴジラ」が象徴するもの

戦争が終わって、アメリカ軍の施設が原宿、六本木、湘南、沖縄、いろいろなところにつくられた。そして基地のまわりに若者が集まっていきますが、アメリカに対しては両方の側面がありました。60年の安保では、アメリカ軍基地に対する反対運動が日本のなかでたくさん起こった。それが60年代以降、日本本土の基地は、徐々に日本に返還されていきました。東京や大阪のまわり、都心部では基地が少なくなっていく。代々木公園や原宿など、東京の真ん中の基地は消えていき、公園になったり文化的な施設になったりしま

▶参加していた小学生も真剣に聞き入っている。

す。50年代、60年代に東京のまわりにあった米軍基地の多くは沖縄に移るんです。

　原水爆に関しても、反対運動と原水爆平和利用両方の動きがありましたが、70年代には原発がたくさんつくられていく。原水爆反対運動はもちろん続きますが、徐々に力を失っていきます。また米軍基地の反対運動も、本土は米軍基地が減っていきますから力を失います。戦争が終わった直後は、いろいろなところにアメリカ軍の基地があり、兵隊がいて暴力などさまざまな問題もあった。アメリカは豊かで、ディズニー映画やいろいろなものもあったけど、同時にイヤなものでもありました。ところが、基地がどんどん沖縄に移っていくと、イヤな面がだんだん見えなくなっていく。もうひとつ、原子力に対しても、最初はビキニ環礁での水爆実験が起きて、日本で反対運動が起こったときのように、54年というのは敗戦からまだ10年しか経ってないから、広島、長崎の原爆の記憶をみんなが持っていて、「またか」と思った。「ゴジラ」の映画のなかで、ゴジラが東京に上陸して襲う場面で、「また戦争ですか」という台詞がある。この頃は戦争の記憶が色濃く、原爆や水爆に対する拒絶感があった。

　そういうものが、60年代、70年代の過程で消えていくんです。「ゴジラ」は、50、60年代にすごくたくさんの人が見ていますが、70年代にはだんだん人気がなくなっていきます。なぜ最初に人気があったかというと、ひとつは、原爆や被爆に対する恐怖心が、人びとの心のなかに強くあったから。ゴジラは、すごく恐怖を感じさせる。それが東京を襲撃するのがどんなに怖いことか。それは、原爆や水爆に対する恐怖心が根底にあるからなんです。ゴジラの人気がなくなっていく理由はふたつあります。ひとつには、原爆に対する記憶が薄れていって、ゴジラは単なる怪獣になった。しかも、当初は破壊する怖いものだったゴジラがだんだん善玉になっていって、もっと悪い怪獣と戦ういい怪獣になっていく。

薄れゆく記憶と原発

　アメリカ軍の基地がなくなり、原水爆の記憶が薄れゆくなかで、なにが残っていくのか。多くの発電所ができて電力がたくさん供給され、家庭用電化製品、テレビ、冷蔵庫、洗濯機などがどんどん家庭に入っていく、家中に家電製品が溢れる。１９５０年代の広告を見ていると、アメリカの生活と日本の生活がこんなに違う、電気をたくさん使うのが豊かな生活ですよというイメージに満ちていることがわかる。日本でも民主主義を進めるためには、アメリカのように家庭の電化を進めなくてはならない。冷蔵庫や洗濯機、テレビなどを買うことが戦後の民主主義でした。戦争、基地、原爆の記憶が薄れるなか、アメリカのイメージは、豊かな生活のイメージになっていきました。

　日本に多くの発電所があるのは、それだけ電気を消費してきたということです。私たちの豊かな生活、ありとあらゆる家電製品に囲まれた生活が、これだけの発電所によって支えられてきた、そういう社会を、戦後を通じて私たちはつくってきてしまった。

日本の歴史において特殊な１００年

戦後前半の25年は、いろいろと見えていた時代でしたが、後半の25年は、かつて見えていたものが見えにくくなっていった時代ではないか。もうひとつここでぜひ付け加えておきたいのは、日本は１９４５年に戦争が終わり、戦後復興と高度経済成長の時代があった。私は最初に、「長い戦後」と言いました。大きな事件は23年と45年、それから95年と２０１１年、その間は安定期で戦後という時代はすごく長いと言いました。でもこれは日本だけなんです。

朝鮮半島を例に話しましょう。朝鮮半島は北朝鮮と韓国が分断されたままですが、あの分断が始まったのは朝鮮戦争です。日本の復興の時代に戦争をやっています。ベトナム戦争は70年代の半ばまで続く戦争です。ベトナムだけではなくラオスやカンボジアまで広がり、タイも後方基地になるから、インドシナ半島全体の戦争です。つまり、他のアジア諸国では45年のあと70年半ばまでずっと戦争。日本だけが復興から経済成長、豊かな生活を享受していた。

それが終わるのはいつか。アジアの国々は、70年代の終わり頃。中国で資本主義的な経済を取り入れていくのが80年代。ベトナムも戦争が終わって、80年代以降、社会のあり方が変わってきた。韓国や台湾もどんどん経済成長する。80年代～90年代は、アジア全体が急速に変わり始めた。日本の長い戦後50年の時代というのは、世界全体でみたときには、冷戦の時代です。冷戦と日本の戦後は対応する。つまり、この頃は世界が冷戦のなかで、日本だけがすごくハッピーでいられた時代です。それが終わるのが90年代です。戦後は90年代以降終わっていくんです。

私は１９５７年に生まれましたから、日本は戦後、世界は冷戦、日本がどんどん豊かになっていく時期に子ども時代を過ごした。君たちのお父さんお母さんもそうです。でも、君たちは冷戦が終わった時代に生まれた。世界はそれまでとはまったく違う方向に変わり始めている。もっと大きな流れを、１８９５年から１９９５年の１００年間でみてみよう。１８９５年は何が起きたかというと、日清戦争。１９９５年は阪神淡路大震災があった。この１８９５年から１９９５年までの１００年間は、アジアのなかで、日本がどんどん膨張して、経済的に東アジアの中心であり続けた時代でした。つまり日清戦争・日露戦争は、日本にとってはどんどん広がり、成長する時代だけど、他のアジアの国々にとっては、どんどん侵略されていった時代だった。アジアのなかでは日本の位置が大きくなった。戦後、冷戦構造のなかでも、経済的にはアジアの中心であり続けるわけです。でも、すごく長い歴史のなかで、16、17世紀まで広げてみていくと、日本が東

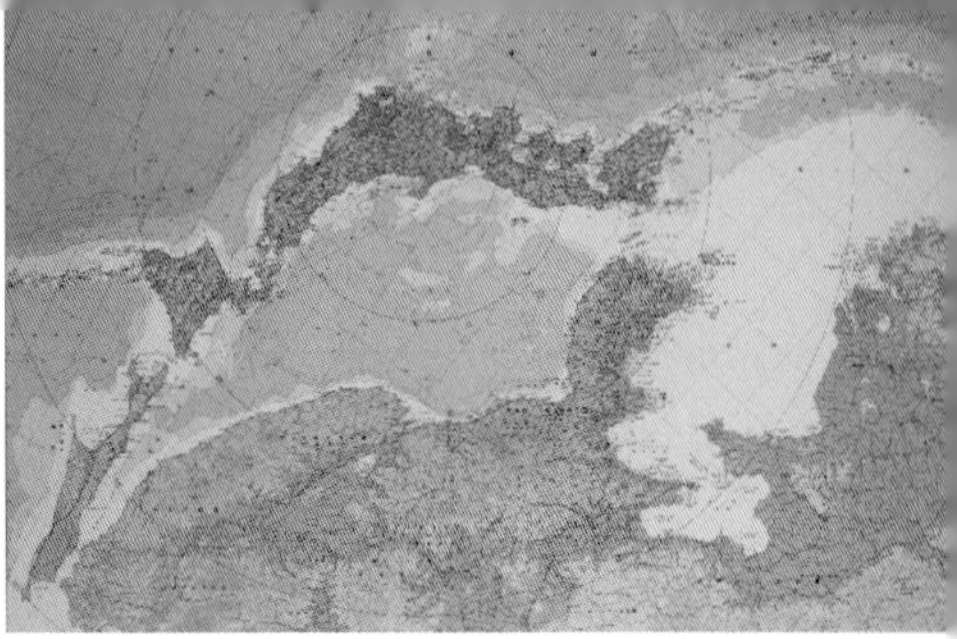

▶さかさまになった地図が二一世紀のアジアを映す（図版＝富山県作成の地図を転載）

アジアの中心であった時代なんてなかった。基本的には中国が中心で、そのまわりの国は周縁的でしたから、この１００年は例外なのです。この前の時代、後の時代を考えたとき、日本がアジアの中心であることは、まずありえない。この１００年間は22世紀、23世紀から見たとき、「特別な時代」だったと見えるのではないでしょうか。

これからの１００年の可能性

今、この１００年の日本が膨張した時代が終わって、これからの時代はどのように考えられるだろう。

地図を見ていただきたいのですが、なにか変だと思いませんか？　そう、さかさまですね。僕らが知っている20世紀の日本は、日本が右上に見えるものです。でも、21世紀、22世紀のアジアは、私はこの逆さまのアジアだと思うんです。日本が左上にありますね。朝鮮半島が真ん中あたりで、中国が下にある。この地図を見ると、アジアの中心がどこなのかよくわかる。朝鮮半島から湾になっているところを黄海といいますが、東アジアの巨大都市のほとんどは、この湾の周りにある。人口でいうと数億。歴史的に見ても、アジアの経済は東シナ海が中心です。へそのところにあるのが沖縄で、九州がぐるっと囲んでいる。東京は中心からちょっと離れた位置にあることがわかる。こういう大きな構図のなかで、将来、東アジアが新たな形をつくっていく可能性がある。

ちなみに、日本にいくつ島があるか、知っていますか？　約７０００です。ちなみに、フィリピンは、７～８０００。インドネシアは1万７０００。それを足していくと、大体４～5万の島がアジア全体にあります。東アジアは群島なんです。5万くらいの島が連なっている東アジア一帯があって、そのなかに上海や大連などの都市ができている。21世紀、22世紀、アジアの都市がどんな風につながっていくか。たぶん東アジアが産業中心地帯であることは変わらないでしょうけど、この一帯がどんな社会の秩序をつくっていき、日本や東北やいろいろな地域がどう繋がっていくかは、みなさんの世代の課題です。いずれ、日本が左上にあって、中国や朝鮮半島と同列にある地図に変わっていく。未来を考えるには、日本のなかだけ、戦後の経済成長の枠だけでなく、それを超えた１００年、２００年の歴史のスパンで見て、アジア全体で考える必要がある。そのとき、さまざまな未来が見えてくるのではないかと思います。

さて、今日は、小学生とこんな話もできるのだという感触を得ることができましたので、僕にとっても新鮮で面白かったです。「妻有一受けたい授業」になったかどうかはわかりませんが、私の林間学校、社会の時間を終わりたいと思います。

まちづくりってなんだろう

講師＝森まゆみ

2011年1月14日　会場＝三省ハウス

森まゆみ
ノンフィクション作家、編集者。1954年東京都生まれ。早稲田大学政経学部卒業、東京大学新聞研究所修了。出版社で企画、編集の仕事にたずさわった後、フリーに。地域雑誌『谷中・根津・千駄木』の編集人。1997年、著書『鷗外の坂』（新潮社）で、芸術選奨文部大臣新人賞を受賞。

東京の古い町、谷中・根津・千駄木

森まゆみといいます。みなさんは、〈まちづくり〉ということばを聞いたことありますか？　私たちは東京でまちづくりを30年くらい続けてきました。まちづくりってどういうことでしょう。まちづくりをするのは誰？　行政に任せておけばいいじゃないかという人もいますが、それで楽しい暮らしができるかしら？

私たちがやってきたことを紹介したいと思います。私たちは東京でまちづくりに取り組んで、『谷中・根津・千駄木』という地域雑誌を刊行しています。私はこの地域に57年前に生まれました。両親は、戦争のときの東京大空襲で焼け出されて家をなくし、戦後、たまたまこの地域に古い家があったので、そこを借りて住んでいました。私は昭和29年生まれですが、昭和20年が終戦ですから、戦争が終わって九年目ね。私は自分のうちが大嫌いでした。古い町で、家も狭くて真っ暗、周りにも家が建て込んでいた。しかも家のなかにはネズミがいて、うるさくてなかなか夜も寝られない、そんな家で育ちました。10歳くらいのときに東京オリンピックがあって、他の地域はどんどんきれいになって立派なビルが建ち、道も広く、かっこいい町に変わっていった。なのに、私の町は冴えない古い町のまま。すごくがっかりしました。

それから十数年が経ち、私も結婚して子どもができ、もう一度この町で暮らすことになった。かつて私は古い町が好きではなかったのですが、小さな子どもをおんぶして町を歩いてみると、なかなか面白いものがあることに気付きました。今では、大売出しの看板や、割引きセールをやるような商店も見かけなくなって、スーパーかコンビニばかり。でも私の町には小さな商店街が残っていました。おばさんたちは買い物のついでに近所の人と出会ってお話しする。そんな風景、今の東京では珍しいでしょ？　夜、駅から帰ってきて、まだ開いてるお店で買い物しながら、こんな景色もいいな、と思った。私の価値観は変わっていたの。

以前は立派なビルや高速道路ができないかな、新幹線が通ったらいいのに、なんて考えていましたが、今は、静かな町に昔ながらの商店街があって、ゆっくり

▶谷中、根津、千駄木の町の様子を写した写真から、人と人のつながりが生きている暮らしのあり方が伝わる。

暮らせたら素敵だなと思っています。ところがその後、昔ながらの風景がどんどん壊されていきました。

私たちは古い町の風景や、昔から残っているものをもっと大事にしたいと思いました。東京でも雪が降るとね、とてもきれいな、薄化粧したような町になるんですよ。私の町にはブリキ屋さんがあって、昔からのお仕事が今も残っているんです。職人さんたちが町にいて、いまも手仕事を続けています。古い民家もあります。瓦屋根や、格子戸という木でつくられた枠の細い窓があって、格子戸を通して中から外の様子がわかるし、外からも中の様子が少しわかる。日本では、自分の生活をよそから見られたくない人が増えてきたのか、今では中が見えるようなガラスを使っているところは少なくなりました。でも私の町には残っています。そして、お互い目が合ったら挨拶する。人と人のお付き合いがある。町のなかで生きていくにはとても大事なことだと思います。

コミュニティみんなで生きる

人は、ひとりで暮らせると思いますか? 大人になると、ひとりで暮らしたいと思うとき、ありますよね。私もありました。でもひとりで暮らすのはやっぱり大変で、食べ物も自分で全部つくらなきゃいけないし、病気になったら誰かの力を借りるほかない。人はなかなかひとりでは暮らしていけないんです。その前提に立って、私たちはみんなで暮らしていく方法を考えたいと思っています。隣近所の人たちは噂好きだったり、ときには干渉されることもあるけど、そんな煩わしさも含めてみんなで生きていくしかない。

昔の東京は、火事がすごく多かった。木と紙でできているような家ですから、火が出ると燃えてしまうの。だから火を出さないように、すごく気をつけていたんです。火の用心は一番大事。「火事を出したら、もうここに住んでいられなくなるぞ」と脅かされたものです。当時はコンクリートやいい金属がないので、銅板を家の周りに巡らせて、火を防げるよう工夫をしていた。日差しを遮るため、葭簀《よしず》という、天然素材の葭《よし》や葦《あし》などを編んだ簾《すだれ》のようなものをつかっていました。私の町には今も、こういう風景があります。畳《たたみ》二畳分くらいの小さなスペースでなんでも売っているお店なんかもあります。生活に必要な洗剤や小麦粉、砂糖、醤油、味噌、牛乳、パンなどなど。私たちはこの地域に自分の好きなものをたくさん見つけました。それを大事にしたい。そういう活動をしています。

この地域には手押しポンプで出す井戸もあって、今も260の井戸があります。古いものをどんどん壊してしまうと、こういう井戸も埋められてしまう。今は上下水道が通っているから、水は飲めるし台所やお手洗いの排水も流せますが、井戸の水は、いざというときにこそ大きな意味があります。神戸の震災のとき、川の水や井戸水が使えたところは、早く火を消せたそうです。東京も、近いうちに地震があると言われてい

◀登録文化財になった3階建ての串揚げ屋さん

ますが、これだけ密集した町ですので、火事の確率がすごく高い。そんなとき、井戸の場所や使い方がわかっていれば役に立つでしょう。

井戸は誰かが持っている私有物で、「○○家専用」と書いてある。でも井戸の下を流れている地下水はみんなのものですね。だから私たちは、井戸の持ち主と仲良くなって、井戸水を使わせてもらう約束をしています。その代わり、年に一回、全部の井戸を回って、井戸水がきれいかどうか、水質を確認しています。子どもたちも一緒に水質調べをしていますが、すごく面白いよ。井戸のなかからペットボトルで水を汲んで、温度を測る。酸性かアルカリ性かを測ったり、薬品が溶けていないか、大腸菌がないか調べたりして、この井戸水は飲める、沸騰させればお茶には使える、そういうことを調べて地域のなかで発表しています。

豊かな暮らしに必要なものはなにか

みなさんは、町のなかにどんなものがあるか、考えたことがありますか？　神社はわりと古くからあるものです。私たちの町の根津神社は１７０６年ぐらいにつくられた神社で、築３００年以上。今は重要文化財になっています。弥生時代の遺跡を調べてみると、住居のそばには集会をするような場所があることがわかる。青森県の三内丸山遺跡のような、うんと雪深いところでもそうなの。越後妻有も同じですが、本当に雪が深く、1年の半分は雪に覆われているような地域では、みんなで集まってお遊戯をしたり、踊ったり歌ったりして過ごしてきたんですね。三内丸山遺跡で、雪深いのはとても豊かなことなんだと感じました。

祈る場所も昔からあった場所です。1年の豊作を祈ったり、その年を無事に過ごせるように祈願するための場所は町の中心にある。私たちの町の教会は少しおもしろくて、洋風に見えるけど後ろ側が瓦屋根になっています。これも壊されそうだったのですが、今は国の登録文化財になって残っています。3階建ての串揚げ屋さんも国の登録文化財になっています。とてもきれいな建物で、お店は今も繁盛していますよ。

〈お化け階段〉と呼ばれる道も、私の好きな場所のひとつ。町のなかのいろいろなものに名前が付いているんです。〈瓢箪池《ひょうたんいけ》〉に〈首ふり坂〉。どうして〈首ふり坂〉というのかしら。訊いてみたら、昔、そこを通るお坊さんが毎日首を振りながら通ったんだとか。そして〈お化け階段〉はというと、下から数える段数と上から降りてくるときの段の数が違うんだって。昔から伝わるお話や地名、長い歴史をもつ建物、大きな木、そういうものを大事にしていくと、暮らしがとても楽しくなると思います。

地域の人の手によるまちづくり

私たちは１９８４年、今から27年前に、地域にある古い建物や伝説、記憶などを記録に変える活動をはじめました。覚えているだけでは絶対に消えてしまう。

▶地域雑誌『谷中・根津・千駄木』

記録、つまり活字や映像にならないかぎり、いつかなかったことになってしまいます。だから、それを伝えていくために雑誌をつくりました。最初はお母さんたちが3人ではじめたもので、お金もないからカラー印刷もできず、小さな判型の雑誌をつくりました。自分たちの地域にどんなものがあるか書いてあります。そして、先輩たちのお話を書きとめておくための雑誌でもあるんです。27年間続けてきました。

町の人と一緒になってなにかやれないかと思ってはじめたのが、〈谷中菊まつり〉。お寺の境内をお借りして雑誌を売りました。お祭りに雑誌だけ出しても売れないだろうと思ったから、お酒も売っています。菊まつりにちなんで、菊を使った〈菊酒〉というお酒をつくって、近所の人たちに買ってもらう。その売り上げで雑誌をつくるという活動を続けています。

私たちは、地域のお年寄り、この町で生まれ育った方にお話を聞きに行きます。地図を見ながら、昔はこんな人がいた、こんな遊びをしていた、こんなお店があった、そういうお話をいろいろ聞いては地図に書き込んで、それを繋げて物語をつくります。そんなことをしているうちに、私たちの地域にはたくさんの人たちが来るようになりました。この雑誌、最初は1000部しかつくらなかったの。ところが、だんだん売れ行きが良くなって、一万部くらい売れる雑誌になりました。一番多いときは1万6000部。それだけの人が私たちの雑誌を買ってくれました。

ここで最初の話に戻りますが、まちづくりってなんだろう？　税金を使って立派な図書館や学校、病院をつくることも大事。でも私たちになにができるかといえば、たとえば、人と人がお話しできる場所をつくることではないかしら。ある町の下駄屋さんが、お店の入口に椅子をふたつ出しました。椅子をふたつ出すだけで、散歩に来た人が疲れたら座れるでしょう。座った人が犬を連れていたら通りがかった人が話しかけたりして、会話が生まれるかもしれない。まちづくりは、立派なホールや図書館をつくることではなく、まず自分の家の前に椅子を出すことではないかと思うのです。

みんなが出会う場をつくることを私たちは〈町の縁側〉と呼んでいます。縁側は、おうちの日当たりのいいところにつくられた、ちょっと腰掛けられるところ。玄関からは入りにくくても、気軽な縁側ならちょっと腰かけてお話したりお茶を飲んだりできる。そんな〈縁側〉をたくさんつくろうという意味です。

昔からの景観を守る

不忍池《しのばずいけ》という大きな池の地下に駐車場をつくる計画が持ち上がって、不忍池の水と緑を守ろうという運動もしました。今では岸辺ぎりぎりまでビルが建ち並んでいますが、でもまだこの池には湧水もあるし、冬になるとカムチャッカ半島を越えて数えきれないほどの鴨が来て、ここで冬を越すんです。与謝野鉄幹という詩人が、不忍池の冬の蓮を詠ったいい詩があります

◀富士見坂から見える、富士山に沈む太陽。

が、不忍池に蓮が浮かぶ景色が今も見られます。その地下を全部掘り上げて２０００台分の地下駐車場をつくろうという計画でしたが、私たちは、駐車場をつくって池の地下をガスタンクにしてはいけないと反対運動をしました。上野東照宮のなかに左甚五郎という有名な彫刻家がつくった龍がありますが、この龍があまりに見事なので、夜になると東照宮を抜け出して不忍池の水を飲むと言われています。それにちなんで、「不忍池に手を付けると竜神様のたたりがあるぞ！」というパレードを企画して、龍をどこかから借りてきて、子どもたちと一緒にパレードをしました。

　もうひとつ、私たちがやっていることを紹介します。富士見坂と呼ばれる富士山が見える坂は、東京に23カ所くらいあるんですって。私たちの地域にも富士見坂があります。そこは、ビルの上からでなく、道路に立ったままで正面に富士山が見える場所でした。ところが、そこにビル計画が立ち上がった。ビルで富士山が一部隠れてしまうから、私たちは反対する活動をしましたが、結局建ってしまった。1年に2度、富士山の頂上に日が落ちる日があって、〈ダイヤモンド富士〉といいます。それをみんなで見る会をやりました。富士見坂から富士山が見えるということに、みんなの気持ちや関心を集めようと考えて、今も続けています。

　新宿のうんと遠い所に大きなビルを建てる計画もあって、それが建つと私たちの地域の景観も邪魔されてしまうので、階数を下げてくれるようお願いしているところです。仮に場所が遠くても、富士見坂と富士山の間に高いビルが建つと富士山が見えなくなってしまう。私たちは〈富士山の通り道〉と呼んでいますが、その真ん中にマンションが建つ計画があったので、現場に行ってバルーンを上げました。バルーンの高さまでビルが建つことを示して、ビルを建てる人たちと相談しましたが、結局ビルが建ってしまった。

　ですが、これをきっかけに行政に働きかけて、遠くの山並みを見る権利というものを景観ガイドラインに入れていただきました。ビルは50～60年したら建て替わるかもしれないけど、富士山は永遠にあると思いますから、次にビルが壊されたときは、またこんなビルが建たないように、考えていかなくちゃね。

　私たちの地域には〈開かずの屋敷〉、つまりみんなが入ったことのない古いお屋敷がありました。あるきっかけで、なかに入ってみると素晴らしいところだった。東京とは思えない景色が、都心部の千駄木にあるお屋敷のなかに広がっていたんです。江戸時代の、太田備中守《おおたびっちゅうのかみ》という大名のお屋敷跡でした。ぜひお借りしたいと持ち主にお願いして開放してもらいました。子どもたちと一緒に自然観察をする場所になって、私たちの仲間が朝晩開け閉めしています。

　私たちの地域には、昔は映画を見るところがありましたが、テレビが普及してから、みんなで映画を観る楽しさがわからなくなってしまった。そこで、〈D坂シネマ〉という地域のコミュニティー映画館をつくり

▶三省ハウスの図書室を会場に、講座はなごやかな雰囲気で行なわれた。参加者が自分の町について話をする場面も。

ました。築100年くらいの蔵をお借りして映画館と資料室をつくってます。古い建物を保存して、みんなで活用していこうという仲間をつくっています。大正時代にできた広いお屋敷の掃除は、持ち主だけでは大変なので、みんなでお掃除して、週2回公開しています。古いものをもっている人を応援することで残していける場合もあるのです。

町に本当に必要なものはなにか

最初の話に戻りますが、人間は一人で生きられるのか、ということ。たとえば学校、病院、公民館、裁判所、あって当たり前だと思っているけど、そんなに昔からあるわけではありません。今回津波にあった石巻の近くの雄勝町や北上町にお友だちがいるので私も足を運んでいますが、津波で平らになってしまったところにもう一度町をつくり、そこで生き直そうというとき、なにが必要なのかすごく考えています。

縄文時代の人びとは、いくつもの家族で集まって動いていた。今はお産は病院でするけれど、縄文時代のような群れのなかにいるときは、「ちょっとお産してくるわ」とその場で自分でお産してへその緒を切っていた。そして、生まれた子どもを抱いて、お母さんは群れを追いかけていくわけです。弥生時代の三内丸山遺跡だと、田んぼと家、そして集会所と祈りの施設がある。稲作をはじめたころですから、収穫したものを保存する蔵もあります。それで十分に人間は生きていたじゃないですか。今も、モンゴルやタイの奥地では、ほとんどのことを自分たちでやっていく暮らしがあります。自分たちに必要なものを考えて、一からつくりなおすことだってできるんじゃないかしら。

〈まちづくろい〉のセンス

〈まちづくり〉という言葉が使われますが、私はあえて〈まちづくろい〉と言っています。よくないところを少しずつ直して、住みやすく楽しい町にするということが、〈まちづくろい〉。〈村おこし〉という言葉が一時流行ったけど、そのなかでどんどん開発されたり、大事なものがなくなったりしているから、今は〈村残し〉と言っている人もいます。駅前にあったすごく居ごこちのいい居酒屋さんを全部壊して、ビルを建てテナントを募集したけれど、結局1、2年したら空っぽになってしまったなんて例も多い。そうならないまちづくりや村おこしを考えていきたいですよね。

人と人が出会って、お互いをゆっくり理解したり、楽しく生きていけるような環境をつくることが大事。この三省ハウスも、学校が廃校になったあと、こんなに楽しくて居心地のいい場所をつくっていらっしゃる。そういうときのつくり方の作法やセンスはとても重要です。いつまでもいたくなるような居心地のいい場所をつくるにはどうしたらいいか考える、それがとても大事なことだと思います。

参加者からの手紙

林間学校参加者の
仲田佐和子さん（福島県）から
お手紙が届きました。

夏に引き続き「林間学校」に参加させていただき、思うことがたくさんありました。お会いした集落の方から、たくさんの住民が集落を離れていったことを伺いました。そのような状況を、私は今まで過疎地域の話だとばかり思っていましたが、この震災後の特に原発被害による人の移動が、まさにあの限界集落と重なって見えました。あの土地に暮らし続けている人びとが、どうしてあんなに強く、しなやかに見えるのか、初めて気がつきました。私たちも、この福島に住み続けると決めたなら、それをぶれずに貫き通すしかありません。

もう、国や東電に恨みつらみを言うことはやめようと思いました。震災後、気持ちがずっと卑屈になっていて、なんだかとてもいやな人間になっていました。自分はこんなひねくれた人間ではなかったはずで、福島県にも誇りと愛着をもっていたはずです。

青木野枝先生のワークショップで、鉄の溶断を初めて経験させていただきましたが、鉄を切る炎を見つめ、溶断した鉄に水をつけて一瞬で熱湯に変わる振動を感じて、私はこの震災を断ち切った気持ちになりました。

越後妻有は本当に不思議な場所です。あの土地と自然はもちろんのこと、住んでいる人々、訪れている方々からたくさんパワーをもらっているのだと思います。行くたびに元気になれる場所です。震災から半年を経て、皆さまにお世話になりながら、自分を取り戻し、そして今後を考えようというところまで進めたような気がしています。

たくさんの皆さまにお心を寄せていただき、さまざまなご支援をいただきましたこと、心から深く感謝申し上げます。

座談会　越後妻有の林間学校が生みだしたもの

「越後妻有の林間学校」が夏に5回、秋に1回開催された時点で、これまでの様子を振り返り、今後も継続していくための課題や改善点を検討するため、スタッフとして参加したこへび隊のメンバーにも参加を募り、率直な意見を交わす座談会が開催された。

（2011年10月1日、アートフロントギャラリーにて開催。）

参加メンバー
［こへび隊］
市橋福雄（千葉県在住、定年退職後、こへび隊として活動）
田中佐和子（埼玉県在住、2000年以来のこへび隊。服飾学校勤務）
玉木有紀子（新潟県在住、2003年よりこへび隊に参加。NPO法人越後妻有里山協働機構理事、新潟県庁勤務）
山田冴子（東京都在住、2010年よりこへび隊に参加。国立高度専門医療研究センター勤務）
［事務局］
北川フラム（大地の芸術祭総合ディレクター）
関口正洋、原蜜、高橋園子（NPO法人越後妻有里山協働機構）
江口奈緒（現代企画室）
飛田晶子（三省ハウス管理人）
［司会］**前田礼**（アートフロントギャラリー）

＊1　こどもサマーキャンプ　2007年から毎夏継続して三省ハウスで開催。小学生～中学生を対象に3泊4日で共同生活をしながら里山の自然を学び、遊ぶプログラム。今回は「越後妻有の林間学校」の一環で開催。

参加者を迎える視点から

前田　「林間学校」のプログラムにいろいろな立場で関わられた方におこしいただきました。まずは、「林間学校」に参加した感想をお聞かせください。

玉木　夏は5回、すべての林間学校に参加させて頂きました。ひとことで言うと、大変おもしろかった。滞在2日目ぐらいになると、子どもたちがそれまでの属性から解きほぐされていくのが感じられました。家族や暮らしている地域などから解き放たれて、日常の背景があまり関係なくなってくる。そこから解放するために必要だったのが、「林間学校」のワークショップやセミナーだったのだと思います。参加者が、「個々」のままで終わらないというのは、貴重な機会です。

市橋　今まで「こどもサマーキャンプ[*1]」をずっと見てきて、子どもたちがどうして越後妻有に来るのか考えていたのですが、越後妻有というのは、「なんとなくいい場所」なんだと感じました。三省ハウスに泊まってご飯を食べる雰囲気、地元の方との触れあい、越後妻有の「コレがいい」というのでなく、滞在する時間が全体的に「なんだかいい時間」なのだなと感じました。この試みがうまく継続できたらいいですね。

田中　「林間学校」の前に、私はこへび隊[*2]の活動で石巻のお手伝いに参加して、石巻市立荻浜小学校の子どもたちと関わらせていただきました。その縁で、荻浜小の子どもたちが参加した回の「林間学校」にも参加しました。石巻のお手伝いに行ったとき、一緒に参加していた「しのくに[*3]」のふたりが歌を歌ったんです。彼らも林間学校のスタッフとして一緒に参加して、荻浜小の子どもたちに再会しました。印象的だったのが、荻浜小の子どもたちが、「しのくに」が石巻で歌った「今君に」という歌をずっと覚えていて、最後の夜に、子どもたちの方から「歌ってほしい」と言い出しました。一度しか聞いていない子どもたちが、その曲を覚えていたんです。急遽、三省ハウスで

＊2　こへび隊
大地の芸術祭のサポーターの総称。首都圏の若者を中心に、2000年に結成、以後4回の大地の芸術祭を経て、社会人や60代以上の世代も加わり、幅広いジャンルの人びとが参加している。

＊3「しのくに」
こへび隊出身で、ユニットで音楽活動に取り組むふたり。震災後、こへび隊が石巻へ出張して片付け作業に携わったことがきっかけとなり、市立荻浜小学校の行事にも参加。その際、同行した「しのくに」は、荻浜小学校の子どもたちに歌のプレゼントをした。

◀「こどもサマーキャンプ」にて、自分たちでおにぎりをつくって食べる。

ライブをすることになりました。

「しのくに」は、「林間学校」に参加されていた荻浜小の先生から、小学校の学芸会にも歌いにきてくれないかと誘われていて、この機会に偶然出会った参加者同士もつながり、越後妻有は東北とのつながりの中間地点になっていると感じました。

山田　私は、「こどもサマーキャンプ」に参加させて頂きました。いろいろな子どもたちが集まってくる場所だと感じました。集団のなかにすぐ入れる子もいれば、ずっと入れない子もいる。「林間学校」では、そういう子たちも「そのままでいいよ」と受け止めていました。越後妻有には自然やアートがあって、いろいろな「きっかけ」がある。日常生活を離れ、そういった「きっかけ」に触れることで、いままで身体についていたものがポロポロッと落ちて、「自分らしくあればいいんだ」と感じられる場になったのではないかと思いました。これが終わったらまたもとの日常へ戻るなり次の場所へ移るなりするわけですが、「林間学校」の間だけは、自然に囲まれて、ほんの少しでも素直な自分のまま過ごすことができる。越後妻有はそんなきっかけにもなれる場所なのかなと思いました。

越後妻有で撒いてきた種の芽吹き

前田　今回の「林間学校」で、越後妻有が新しい局面を迎えた部分もあったのではなかと思います。そのあたりはどう感じましたか。

関口　東北からの参加者のほかに、わずかですが、地元、新潟、首都圏などからの参加がありました。小学生以下は親同伴ということもあって、多様な地域・世代が交錯する場ができたのではないかと思います。講師もアーティスト、建築家、科学者、思想家などさまざまでしたから、地域・世代・ジャンルをこえた協働という越後妻有の考え方が短い時間に凝縮していたように思います。いろいろな人たちが混在すると、それぞれの背景があまり関係なくなる。東北から参加された方のなかには、津波で家や家族を失った人もおられましたが、限られた時間、妻有という限定された場所で、それぞれの背景を相対化してつながっていく、そこが非常によかったと感じています。

越後妻有は多様な人を受け入れる開かれた場所であると同時に、世界から隔離された場所でもある。それが密度の高い交流を生み出したのかもしれません。講師のみなさんも、年齢も背景も多様な参加者に同時に向き合うことで、自分たちを開くことになったのではないかと思います。セミナーの前と後ではやわらかさが違うように感じました。

原　僕も「林間学校」に全部関わってきました。僕が気をつけていたのは、「いろんな人がいていい」ということ。4~50人の単位ではありますが、それをうまく許していける環境をつくりたいと思っていました。みなさん背景が本当に違って、肉親を亡くされた方やハンディキャップのある子どもたちも来ていまし

▶作家も参加者も一緒になって体育館で遊ぶ。

た。そういう子たちが生きていける場としての越後妻有というのが、僕にとっては「越後妻有はこうあってほしい」と思う姿だったので、それが少し証明されたような気がしました。学校へ行けないお子さん、家をなくされた方もおられました。でも、背景が違っていていい。

高橋　越後妻有で目指してきたこと、やろうとしてきたことは、こういう場をつくることだったんだと思いました。「食」が非常に喜ばれていました。海の方から来た方が多かったこともあって、「こんなに野菜をたくさん食べたのは初めて」「1年前に漬けた漬け物を食べるなんて滅多にない」など、自分たちの文化にはない、山の暮らしの知恵に触れて感動された人も多かったようです。

三省ハウスで過ごす、なにもない午前中の自由な空気もすごく良かったです。体育館で遊んだり図書室で本を読んだり、ラウンジでおしゃべりしていたり、客室のベッドでごろんとしていたり、自分のしたいように過ごす。そういう時間がとても豊かだと感じました。

飛田　参加者同士、スタッフも含めて広い大きな家のなかで過ごす家族のようにリラックスしていると感じました。里山の集落の暮らしを背景に、かつて小学校だった三省ハウスが、東北をはじめそれぞれの場所から人が集い、出会い、解放される接合点のように見えました。越後妻有が積み重ねてきた年月と、人のつながりなどがあってはじめて、今回の林間学校が実現できたのだと感じました。

印象的なエピソード

前田　「林間学校」に参加された石川義塾のお子さんたちから寄せられた感想などを読ませて頂きましたが、参加された方々がいろんなものを受け取って、それぞれの場所に戻られたことがよくわかります。特に、子どもたちは、私たちが思っている以上に、「受け止める力」を持っているのではないかと思いました。参加者の反応で、印象的なエピソードがあればお願いします。

高橋　「林間学校」が終わったあとに被災地へ行って、参加された二組のご家族とお話ししました。あるお子さんは、「僕はここに骨をうずめたい」と言ったそうです(笑)。お子さんが「林間学校」から帰ったら工作に没頭し始めたと話しておられて、私が思う以上に、みなさんがいろいろなものを持ち帰っていたことがわかって、驚きました。バスのなかで「現実に戻りたくない」と言う方がいたり、涙ながらにさよならをする風景、互いに連絡先を交換されたり、参加者同士も横のつながりができている様子も感じました。

田中　参加者の、精神病院にお勤めのお母さんとお話をする機会がありましたが、「お話をきいてくださってありがとうございました」と言ってくださいました。こちらはただうなずいているだけでしたが、「話ができてよかったです」と言ってお

◀ワークショップでつくったパペットを見せ合う。

＊4　眞田岳彦さんのワークショップ
眞田岳彦さんは、布を使ってパペットをつくるワークショップを開催。（P19）

られて、それは大変印象的でした。お別れの前にもう一度お話をしたら、息子さんが「妻有に住みたい」と言っていたそうです。これまでも「また来たい」という声をきいたことはありましたが、「住みたい」という言葉をきいたのは初めてです。

玉木　アスペルガー症候群のお子さんも参加されました。お母さまが、秋の「林間学校」にも参加したいとメールを送ってくださいましたが、お子さんは、眞田岳彦さんのワークショップ[*4]でもらった布とパペットを毎晩枕元に置いて寝ていると書かれていました。他者とかかわるのが難しいお子さんなのですが、「林間学校」をとっても楽しんでくれたんだと感じさせるエピソードでした。

　石巻・荻浜小学校の先生からのお便りでは、「あまりにあっという間に失ったり、お別れしたり、いろんなものが目の前から消えてしまったときから、自分らしさが出せずにいた子もいたが、3日間自然のなかで、芸術を見て、恵みを味わい、人と交わることで、自分を取り戻しました。わがままが言える時間があったのがよかったのではないかと思います」と書かれていました。どんな方でも受け入れるということに通じると思うのですが、全員がワークショップに参加できなくてもよくて、でもその子なりに楽しめていればいい。先生の言葉はそれを端的に表していると思いました。わがままを言うことを、みんながいかに日常でがまんしていて、現在の生活には、それを「上手に」出す場がない。特に災害などがあると、さらにぐっと押し込められてしまいますが、自分を出しても受け止めてもらえる強さが越後妻有にはあるのだろうと思いました。それが印象的でした。

都会・東北の子どもたちが交差する場

前田　「こどもサマーキャンプ」は、継続プログラムだったので、いままでずっと参加している都会の子どもたちに、被災地から来たお子さんたちも加わって、比率としては半々でした。ほかのプログラムではあまり見られない、貴重な試みだったと思います。お互いにとってどういう感じだったでしょうか。

江口　以前からの参加者は、顔見知りになっている子たちもいましたが、みんなあっという間に仲良くなっていました。3泊4日とはいえ、日常生活から離れた共同生活のなかでは、なんとなく大家族のようになります。輪に入りにくい様子だった子もいましたが、その子なりに楽しみ方を見つけていましたし、年長の子たちが理解して「一緒に遊ぼう」と声をかけくれていました。

あらゆる人を受け入れる場

前田　福島にお住まいの方で、「こどもサマーキャンプ」に継続して参加されているお子さんのお母さまが、今回の「林間学校」にご自身も参加されましたが、すごく丁寧なお手紙を送ってくださいました。素晴らしいメッセージでした。

▶星峠の棚田。アートツアーのあいまには、緑の棚田など、越後妻有の風景を眺める時間も。

「今回の林間学校では、越後妻有の懐の深さと、たくさんの方に心を寄せていただいているということを実感いたしました。決して私たちは孤立していない、皆とつながっているんだと気持ちを強くいたしました。

復路のバスの車中では、皆、「帰りたくない」「現実に戻りたくない」と話していましたが、帰宅後の夜にはさっそく余震があり、たちまち実生活に戻されました。まだまだ余震のない日はなく、放射線との戦いも続きますが、私たちは心まで被災しないよう、気持ちを強く持って生活したいと、心を新たにいたしました。(「林間学校」の参加者、仲田佐和子さんからのお手紙より一部抜粋)」

いままで、越後妻有に来ていた人たちは、このお母さまのような、比較的意識の高い方が多かったのかもしれないですね。今回、被災地からの参加は無料としたことでハードルが取れて、いろいろな意味でバリアフリーになり、多様な層が参加されたのだと思います。越後妻有がもっと多様な人を受け入れていこうとするとき、いろいろな面で課題もあると思いますが、どうですか。

北川 越後妻有は、棚田があって、里山があって、食べ物がうまくて、アートもたくさん、いろいろな意味で濃密です。僕らがここでやってきたのはアートだから、やわらかなかたちでいろいろなことができる。ほかのことで地域づくりをしていたらこうはいかないでしょう。そして、この場におられるみなさんのように、多種多様な方が関わってきた。それがいま花開いた。これまでの越後妻有の成果というか、頑張ってギリギリ保ってきたことが芽生えた部分だけど、その裏で、これを支える膨大な部分が、まだうまくかたちづくれていないですね。

来訪者の顔が見える接点では楽しいけれど、その裏を支える苦労はやはりあって、楽しいところが見えずに苦しむスタッフもいる。それに、このプロジェクトは、越後妻有の人が中心でやっているわけじゃない。そこは決定的です。問題が膨大にあるなかで、今後どうやるかという課題はものすごく大きい。

福島に住んでいる人たちは、放射能があろうがなかろうが生きていかなくてはならないわけだけど、その場にいない人が大袈裟に騒いで、「美術になにができるか」「建築になにができるか」と言い立てている状況もありますね。いま、あそこでやれることは、本当は政治の問題しかないでしょう。そういうとき、「美術になにができるか……」なんて、銃後の話でしかないのに、みんなが被災地を劇場化してワーワー言っている。そういう問題もあります。

今回、越後妻有でやったことは、非常に個別的だし、「林間学校」での受け入れ人数は各回わずか25人程度。本当はもっと普遍化できるはずだけど、これはいまの僕らの限界でしょう。25人を50人ぐらいに増やすとか、月に2回ぐらい開催するとか、少しずつ改善するしかない。さっきの話にあったように、「越後妻有はいいな」とか「ここに住みた

◀みかんぐみの茶室づくりのワークショップ。子どもたちの意見を取り入れてワークショップを組み立てて行く。

い」とか、子どもの頃にそういう経験をするだけで、まるで違うはずです。林間学校は断固続けていきます。越後妻有のエキスだと思いますよ。いままで踏ん張って続けてきた成果が、瞬間的なこの「林間学校」に、やっと氷山の一角が見えてきた。そこは守っていきたいですね。

アーティスト・講師の力

前田　今回、いままでとは違う方々が参加できて、いろいろな交流が生まれたことで、新しい回路ができた面もあったのではないでしょうか。アーティストや講師の方はどんな様子だったのか伺いたいと思います。

北川　僕が知っている範囲でいえば、山上徹二郎さんや尾田栄章さんは、今回加われたことに関して、本当に喜んでいました。

前田　「サマーキャンプ」に関しては、すごい大雨で三省ハウスから出られずカンヅメ状態になってしまいましたが、やはりそこでアーティストの力は大きかったのでは。

江口　みかんぐみさんは、段ボールを使ってチームごとにひとつの茶室をつくろうという試みでした。小学校2年生から中学校2年生まで年齢差がある初対面同士のグループですから、指導も難しかったと思います。みかんぐみさんも「子どもたちがこんな風につくったから、それをうまく利用しよう」と、現場で考えておられて、そのあたりの柔軟さはすごいなと感じました。

　小沢剛さんも講師でお招きしていましたが、豪雨のために十日町で足止めされてしまいました。代わりに、小沢チームの深澤孝史さんが、「学校全体を双六にしちゃったら？」とアイディアを出してくださいました。なんの準備もなく、その場にあるものを利用するだけで楽しいプログラムになりました。子どもたちの様子を見ながら、上手にその創造力を引き出していました。

飛田　あのときは、ずいぶんと大雨だなと思っている間に豪雨になりました。一時、松之山からつながる道路はすべて通行止めになって、三省ハウスのある小谷集落でも土砂崩れが起きました。隣の水梨集落では川が氾濫し、住民が三省ハウスの体育館に避難するかも、という緊張状態になりました。避難者のためにおにぎりをつくって雨のなか集会所へ運んでから三省ハウスへ戻ると、子どもたちは、三省ハウス全体をつかって双六で遊んでいるところでした。ここだけはユートピアのようでした。子どもたちの明るい声があることがこんなにありがたいものか、とあらためて感じたんです。

北川　越後妻有の場合、アーティストが時間をかけて地域に関わって、つながっています。アーティストは越後妻有のもっている力を表現しますよね。

前田　きっと、越後妻有のアーティストは越後妻有で鍛えられている部分があるのでしょう。アーティスト

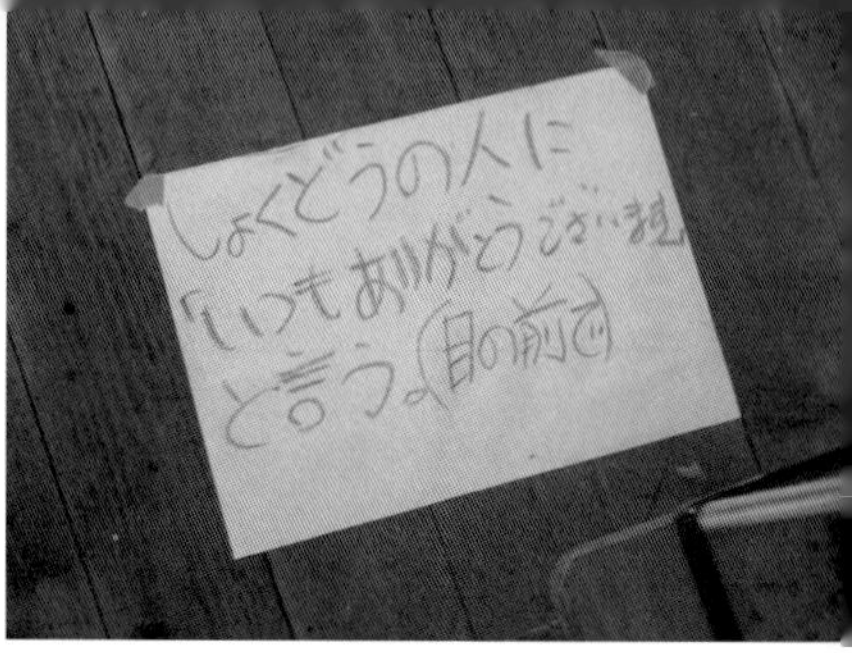

▶子どもたちが考えた、ユニークな双六のマス。

自身も、地元の方などとのやりとりをしながら作品をつくってきた経緯があるから、知恵がある。越後妻有を知っているからこその力かもしれないですね。なによりも、手が動くし体も動く、その場にあるものでなにかやってしまう、アーティストにはそういう力があるのだと感じて、その点は素晴らしいと思いました。

原　たとえば、日比野克彦さんのプログラムでは、提灯をみんなでつくって、最後は秋田の「竿燈《かんとう》」のように、提灯をつり上げました。「みんなで空を見よう」というのをアートで表現したのだと思いました。スカッとした青空を見上げていると、「ああ、なんだかよかったな」っていう思いになるんです。気分が明るくなる。日比野さんも越後妻有にずっと関わってきた人ですから、被災地の人も一緒に空を見るといいなと思ったんじゃないでしょうか。

田中　私がお手伝いした回は、石巻でイタリアンレストランを営んでいる方が参加されていて、お子さんだけでなくおばあさまが「私は手を動かすのが大好きで」といって一緒にワークショップに参加していました。アートには、思わず手を出してしまうような衝動、そういうものを生み出す、引き出す力があると思います。

前田　山田さんは、学校の先生を目指しているそうですが、今回なにか思われたことはありますか。

山田　サマーキャンプの最終日に、みんなで絵手紙を描きました。そのなかで、「星がとってもきれいでした」って描いていた子がいたのが印象的でした。4日間雨だったから、星なんて見られなかったんです。でも、星がとってもきれいでしたとその子は書いていました。その子にわけを訊くと、「お母さんと、越後妻有は星がキレイだろうから、星を見てくるねって約束したの」と。子どもってきっと、大人の期待に応えようとしてい部分があるんじゃないでしょうか。その子はお母さんに星がきれいだったよって言ってあげたかったんだと思います。見えない星を見ることができるのが子どもなんです。逆に、子どもは、「これが正解」という大人の考えを押し付けてしまうと、それに向かってがんばってしまうところがあります。大人はそこを気をつけなくてはならないと思います。今回の双六だったら、コマは一から子どもたちが考える。枠は与えても、中身は子どもたちのもの。押し付けない。そこがよかったと思います。決まった答えがあるわけでも、正しいものに導かれるわけでもない、それが越後妻有だと感じました。

自然に触れる喜びをとりもどす

前田　参加者からのお手紙を読むと、草刈りが意外と人気だったようです。ほかにもいろいろ充実したプログラムがあったと思いますが、そのなかでも、草刈りが楽しかったと書いているお子さんが多いことに驚きました。越後妻有の場合はアートだけではなく、農業、里山の魅力も

◀三省ハウスで食事づくりを担当する、集落のお母さんたち

あると思いますが、草刈りがおもしかったということについては、どうでしょうか。

北川　子どもにとって、一番創造的な仕事だからでしょう。全部きれいに刈るとか、ここまで刈るとか。もっとも創造的な仕事ですね。

玉木　「草刈りしたことある人！」ってきいたとき、手を挙げた人は誰もいませんでした。だから、鎌で刈るにはどのくらいの力をかけたらいいのか、刈る感触、すべて初めての体験だったんでしょうね。

田んぼには余計なものがいっぱいいます。草を刈らないと虫が出て、米つぶ食べちゃうとか、草が手に当たると痛いとか、理科で習っていても、実際に体験した人はほとんどいない。あんなにワシャワシャ草が生えているのも、新鮮だったのではないでしょうか。

前田　「自然との関わり」を考えたとき、こういうプログラムは重要だと思いました。福島の子どもが、「今回の地震で、自然は恐ろしいと思っていたけれど、越後妻有で自然と接するなかで、自然っていうのはやっぱりいいものだと思った」と書いていて、それはじんときました。草刈りのような、シンプルに自然と関わる体験を通して、もう一度自然との関係を掴み直していったのかもしれません。

プログラムの間ののびのびした時間

北川　ご飯づくりのワークショップなどを自然に入れられるといいね。

市橋　子どもたちにおにぎりつくらせると、一生懸命食べますからね。

前田　「食」というのは、越後妻有の強みだと感じます。ほとんどすべての感想に三省ハウスのご飯がおいしかったと書かれていました。

飛田　「生野菜がなかなか食べられないからたくさん食べたい」、「トマトなんて久しぶり」、「安心してキュウリが食べられる」、三省ハウスの食事のときにみなさんからいただいた言葉です。今年は地元にも呼びかけ、100キロくらいのキュウリを提供したと思います。また林間学校の回を重ねるうちに、参加者から「お店で手に入れることができなかった」「野菜を持って帰りたい」というご希望をいただいて、野菜の小さな販売コーナーを設けました。お帰りになった後も野菜の注文をいただきました。お米も、都会からいらしたお客様から2キロ〜10キロ単位で注文をいただくようになりました。「安心できる食」に対する要望の高まりを感じました。

北川　昔の人は、狩や漁をする以外の時間は、飯をどう食べるかということに多くの時間使っていたでしょう。どのように食べるかを考えるのは、とても重要だと思いますよ。

前田　美味しく食べるには早起きや運動をするといった、生活のリズムも重要であると思います。「林間学

▶散歩していた子どもたちが、集落の方が飼っている羊と出会う。

校」でも朝のラジオ体操などを取り入れました。さきほど、三省ハウスでゆっくり過ごす時間の良さ、という話がありましたが、その点をもう少しお話し頂けますか。

高橋　三省ハウスでは、自分の好きなところにいられます。図書室や体育館、ラウンジやテラス。被災地の方たちが夕方到着して、次の日の午後までのなにもない、ゆったり過ごす時間はすごくよかったと思います。

北川　それは大事だね。旅館やホテルへいく楽しみのひとつでしょう。

高橋　三省ハウスのある小谷集落の人たちも、回を重ねるごとにお客さんが集落を散歩される風景に慣れてきて、気さくな対応をしておられました。近くのお宅に犬がいて、看板が立てられました。「犬がいるから危険」という意味の看板かと思いきや、「犬います。この子と遊んでください」という看板で……。

原　「犬います」なんて看板、普通はないよね（笑）。

北川　普通は、「犬・危険」だね。

玉木　朝ののんびりした時間に、外へぶらりと出かけて、のんびり歩いていらっしゃいました。

高橋　草刈りのプログラムは、朝早い時間だったので、自由参加にしたのですが、参加者全員が起きて参加されたので驚きました。

適正な規模を考える

前田　一度参加された方がもう一度来る、というリピーターはどのくらいいましたか。

原　3分の1はリピーターです。一度来て楽しんだ方が、次は知人・友人を誘って参加されるケースも多かったです。

前田　夏休みの受け入れ人数は全5回で約300人でした。「林間学校」の今後の展望、進むべき方向性はどのように考えていますか。

北川　今回は、人が来てくれるかどうかもわからず、見切り発車的なスタートになりましたが、それが僕らの限界だったのだと思います。いろいろな広がりが増えて、こちらのスタッフも少しずつ力をつけてくれば、もっと規模を大きくしてやっていけるだろうと思いますが、いまは、これ以上の規模は難しい。

越後妻有のネットワークと東北との絆をどう活かすか

前田　今回の「林間学校」は、いままで越後妻有で培ってきたエッセンスをつぎ込んで、広がったネットワークもフル稼働して取り組みました。ネットワークという点で、なにかご意見ありますか。

北川　建築や美術の分野で、地味にがんばっている人たちに、もっと加わってもらいたいと思っています。美術・建築以外の分野に関しても、

◀日比野克彦さんのワークショップで参加者がつくった提灯は、集落の盆踊りで火が灯された。

本当の意味での『現代百科全書』を、越後妻有をフィールドに編んでいきたいと思いました。今後もこれをずっと続けていれば本当に意味がある、そういう部分を越後妻有での活動のベースに据えたいですね。反省点としては、僕らスタッフも、自分たちも楽しみながら、「どうせ見るなら踊らにゃ損」というぐらいの気分でやらないとね。阿波踊りってね、1回目は見るのが楽しい。でも2回目からは、見てなんていられないんですよ。踊らなきゃ。そうなっていくといいですね。

関口　今回、参加したアーティストが頑張っていたのは、みなさん越後妻有でずっとやってきた方ですから、ここでコケるわけにはいかないという思いがあったのだと思います。そんなアーティストたちの姿に刺激された講師もいたようでした。スタッフやこへび隊が、互いに刺激し合うようないい関係のネットワークづくりを媒介できるようになっていくことが重要だと思います。越後妻有にいながらも新鮮さを保ち、越後妻有の非日常的な面を引き出していく。妻有スタッフの課題ですね。

前田　今回参加された人は、越後妻有や大地の芸術祭のことをまったくご存知ない被災者の方がほとんどだったと思いますが、その点でなにか感じたことはありますか。

原　この方たちは、アート作品を見るより、地元のお祭りをおもしろいと感じるのではないかという感覚がありました。越後妻有におけるアートは地域をより深く感じるきっかけとなるものだったわけですが、「林間学校」を通して、その先にある越後妻有の深さや豊かさを感じてもらえる気がしました。もちろんアートも楽しむけれど、越後妻有の空をみんなで見上げる爽快感とか、そういうもの。そういう部分をがんばってつくっていけたらいいですね。

前田　今回できた絆、東北とのつながりを今後どのように活かしていきたいと考えていますか。

北川　今回の東日本大震災とその影響は、大変な事態だと多くの人が感じたと思います。原発の問題があったから、ますます大変でしたが、われわれはこれを忘れちゃいけない。忘れないためのなにかが必要です。「林間学校」をつづけていけば、各地の人たちから関わりたい、応援したいという話もおきてくるかもしれないと思う。そのときそのときで、僕らの身の丈にあった対応の仕方があると思います。外国のアーティストたちが来てワークショップをするとか、そういう方法もあると思うけれど、いまはその体力がない状態ですね。でも、本当はそれができればいいと思いますね。

前田　本日の座談会はこれで終了します。みなさんありがとうございました。

NPO法人越後妻有里山協働機構

「大地の芸術祭」にかかわる多くの協働者たちの志をつなぎ、「大地の芸術祭」をきっかけに生まれた成果を具体的な地域づくりへとつなげることを目指すNPO法人。2008年設立。越後妻有地域を自然・アート・人びとの魅力などを広義にとらえて「大地の芸術祭の里」として発信し、「大地の芸術祭」のサポートのほか、妻有ファンの拡大、地域活性化のための企画・コーディネート事業など、幅広く活動を展開。地域内外の多様な人びとが理事に加わり、地域の空家・廃校の再生や、「大地の芸術祭」を機につくられた施設の通年営業、里山アートガイド、妻有ファンクラブの募集・運営、棚田オーナー制度、グッズの開発、都市と地域の交換・交流コーディネートなど、多岐にわたる活動に取り組んでいる。「大地の芸術祭」の関連書籍に、『大地の芸術祭　越後妻有アートトリエンナーレ2009』（現代企画室／同2006、2003、2000記録集も刊行）、北川フラム『〈ディレクターズ・カット〉大地の芸術祭』（角川学芸出版）、『希望の美術・協働の夢 北川フラムの40年 1965-2004』（角川学芸出版）などがある。

被災地・都市・地元の子どもたちがともに学んだ

越後妻有の林間学校

2012年6月10日　初版第1刷発行　定価：800円＋税
編集・発行：NPO法人越後妻有里山協働機構
新潟県十日町市十日町市松代3743-1 まつだい「農舞台」内
Tel: 025-595-6688　Fax: 025-595-6311
e-mail: info@tsumari-artfield.com
http://www.echigo-tsumari.jp/
助成：三井物産環境基金
装丁：松本健一
本文デザイン：江口奈緒
発売：現代企画室
東京都渋谷区桜丘町15-8 高木ビル204
Tel: 03-3461-5082 Fax: 03-3461-5083
e-mail: gendai@jca.apc.org
http://www.jca.apc.org/gendai/
印刷・製本：株式会社博進堂
ISBN978-4-7738-1213-8 C0037 Y800E

Photo Credit
安齊重男：P7上
海老江重光：P10～11
中村脩：表紙、P1～P6口絵、P12、P15扉、P16上、P17、P18、P19下、P20上、P25、P26上、P29下、P30上、P32下、P33扉、P41、P43、P46、P72、P76、P79、P80、P83
宮本武典＋瀬野広美：P7右